V 1117
B

# PLANISPHÈRE CÉLESTE,
## CHINOIS.

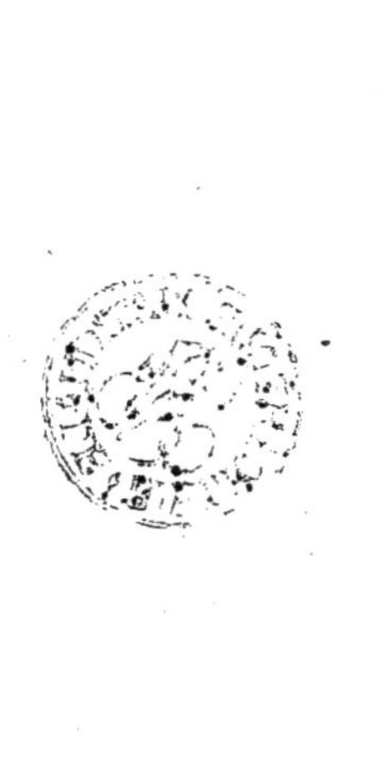

# PLANISPHÈRE CÉLESTE,

## CHINOIS,

*Avec des Explications, le Catalogue alphabétique des Etoiles, & la suite de toutes les Comètes observées à la Chine, depuis l'an 613 avant J. C. jusqu'à l'an 1222 de l'Ere Chrétienne, tirées des Livres Chinois.*

## PAR M. DEGUIGNES le fils.

OUVRAGE présenté à l'ACADÉMIE ROYALE DES SCIENCES, & imprimé dans le Tome X des Mémoires des Savans Étrangers.

## A PARIS,

De l'Imprimerie de MOUTARD, Imprimeur-Libraire de la REINE, de MADAME, de Madame la Comtesse D'ARTOIS, & de L'ACADÉMIE ROYALE DES SCIENCES, rue des Mathurins, Hôtel de Cluni.

## M. DCC. LXXXII.

# PLANISPHÈRE CÉLESTE,

## CHINOIS.

J'ai dreffé ce Planifphère célefte d'après un Ouvrage Chinois, intitulé : Fang-sing-tou-kiai, ou *Explication de la Table de toutes les Étoiles*, fait à la Chine en 1711, par le P. Grimaldy. Ce Miffionnaire, comme le P. Pardies, a divifé tout le ciel en fix Cartes, deux pour les deux poles, & les quatre autres pour les étoiles placées des deux côtés de l'équateur. Il y a tracé l'équateur, l'écliptique, les deux tropiques, les colures & des degrés, ce que les Chinois ne font point fur leurs Cartes. Cet Ouvrage, bon pour un Chinois, parce qu'il y reconnoît toutes fes conftellations rangées dans le même ordre qu'il les voit au ciel, n'eft d'aucune utilité pour nous autres Européens qui ignorons la forme & les noms que les Chinois leur donnent, parce que ces Cartes céleftes ne repréfentent aucunes de nos figures, de nos fignes & de nos conftellations. J'avois d'abord copié, avec la plus grande exactitude, les Cartes du P. Pardies ; mais, pour me conformer au défir de l'Académie, j'ai adopté celles de M. de la Hire, en deux feuilles, fur lefquelles j'ai appliqué mon travail ; ainfi ,

Année 1781.

A

fur toutes nos figures, on trouvera celles que les Chinois donnent à leurs conftellations, en quoi le P. Grimaldy m'a été d'un grand fecours. Aucune de ces conftellations ne fe rapporte aux nôtres; elles font plus ou moins étendues, en forte qu'une partie, par exemple, eft dans un de nos figres, & le refte dans un autre. J'ai confervé les formes chinoifes de ces conftellations, & comme les Chinois, j'ai réuni chaque groupe par des lignes; mais j'ai marqué par des lignes doubles celles qui forment leur Zodiaque, qui font au nombre de vingt - huit conftellations. Il eft bon d'obferver qu'ils donnent à leur Zodiaque plus de largeur que nous n'en donnons au nôtre. Toutes les autres conftellations font tracées en lignes fimples. J'ai appliqué les noms à toutes celles qui en portent, foit que ces noms appartiennent à une conftellation en général, foit qu'ils fervent à défigner chacune des étoiles d'une conftellation; car quelquefois les Chinois ont ainfi défigné, par un nom particulier, chaque étoile d'une conftellation; mais ils ne l'ont pas toujours fait. Ces noms ont rapport au Gouvernement entier de la Chine, c'eft-à-dire que les Chinois ont mis dans le ciel l'Empereur, le Prince héritier, les femmes de l'Empereur, fes fils, fes enfans, les titres de dignités de l'Empire & des Tribunaux, les Tribunaux eux-mêmes; ils ont auffi donné aux étoiles des noms de royaumes, de provinces, de fleuves, de lacs, de villes, de places, &c.; des noms d'animaux, tels que le loup, le bœuf, le chien; des noms de grands Hommes, des noms d'étendards, de tambours, de différens inftrumens, tels que l'aune, le boiffeau, le panier, le croc, &c. J'ai employé partout les lettres grecques de Bayer; mais pour les étoiles où il ne les a pas mifes, je me fuis fervi du Planifphère de M. l'Abbé de la Caille. Il y a d'autres étoiles auxquelles je n'ai pu mettre de lettres, parce qu'elles ne font pas fur nos Planifphères, comme il y en a des nôtres qui n'exiftent pas dans les Planifphères chinois; de même auffi chez eux, il y a des étoiles auxquelles ils n'ont point affigné de nom, & qui ne tiennent à aucunes de leurs conftellations; je les ai confervées cependant fur la Carte que je préfente.

On fera fans doute furpris de trouver au pole auftral plufieurs des noms qui ne font qu'une traduction de ceux que ces
mêmes étoiles portent fur nos Planifphères. Les Chinois ne pou-
vant voir ces étoiles de chez eux, ne les ont point défignées, ce
qui a déterminé le P. Verbieft à remettre fur leurs Planifphères
nos conftellations méridionales, & les noms que nous leur avons
affignés , & les Chinois les ont adoptées depuis ; telles font :

Ho-niao , *oifeau de feu* , le phœnix.
Ho , *oifeau des bords de la mer, qui mange les poiffons &*
   *les ferpens* , la grue.
Niao-hoei , *bec d'oifeau* qui répond au bec du toucart.
Che-cheu , *tête de ferpent* qui répond à la tête de l'hydre.
Che-fo , *ventre de ferpent* qui répond au ventre de l'hydre.
Che-ouey, *queue de ferpent* qui répond à la queue de l'hydre.
Kin-yu , *poiffon d'or* qui répond à la dorade.
Fy-yu , *poiffon volant* qui répond au poiffon volant.
Ma-fo , *ventre de cheval* qui répond au ventre du centaure.
Ma-ouey, *queue de cheval* qui répond à la queue du centaure.
Che-tsu-kia , *figne de la croix* qui répond à la croix.
Mie-fung , *abeille* qui répond à notre abeille.
San-kio-hing , *figure des trois cornes* , le triangle auftral.
Y-tsio , *petit oifeau admirable* qui répond à l'apus *ou* avis indica.
Kung-tsio , *paon* , c'eft la conftellation du paon.
Po-su , *le Perfan* qui répond à l'Indien , &c.

J'ai joint à mon Planifphère la Table des vingt-quatre Tsie-ky
par lefquels les Chinois divifent leur Zodiaque ; ces divifions de
quinze en quinze degrés femblent défigner plutôt la température
de l'air que des conftellations , de plus, les douze fignes céleftes
qui font chacun de trente degrés : j'y ai ajouté auffi le cycle
de 60 qui fert à compter les jours & les années. Les Chinois , dans leurs obfervations , indiquent le jour par ce
cycle ; ainfi ils difent : Telle comète parut à la première Lune
au jour Kia-tse , c'eft-à-dire, au 1 du cycle. Parmi le grand
nombre des conftellations chinoifes , il y en a quelques-unes

qui s'accordent affez bien avec les nôtres, c'eft-à-dire qu'elles ont la même fituation & la même dénomination ; telles font celles du Scorpion. Les Chinois ont appelé depuis très-long-temps SIN ou le *cœur* les trois étoiles du dos du Scorpion que nous nommons auffi le *cœur* ; de même la queue eft défignée par le mot OUEY, qui, dans leur Langue, fignifie également la *queue*. Par quel hafard ces Peuples fi éloignés ont-ils appliqué à ces deux groupes les mêmes noms que nous leur donnons ?

Pour rendre ce Planifphère plus utile, j'y ai joint une Table alphabétique des noms de toutes les conftellations & étoiles chinoifes, & les lettres qui indiquent la place qu'elles occupent dans nos Planifphères. On y trouvera donc non feulement les noms de chaque groupe ou figne, mais encore ceux de chaque étoile en particulier, lorfque les Chinois leur en ont affigné, felon l'ordre alphabétique.

L'Ouvrage du P. Grimaldy eft à la Bibliotheque du Roi, ainfi que celui du P. Noël qui a donné un Catalogue de toutes les étoiles chinoifes, avec différentes obfervations Aftrono-miques. J'ai comparé mon Catalogue, auquel j'ai ajouté quel-ques autres étoiles dont il eft fait mention dans différens Livres chinois, avec celui du P. Noël. J'ai vu par-là que plufieurs conftellations que j'avois, manquoient dans ce dernier; qu'il y avoit des fautes d'impreffion dans les noms de plufieurs; je les ai corrigées : mais afin que ceux qui fe font fervi du P. Noël puffent reconnoître les étoiles, j'ai confervé dans ma Table les fautes de ce dernier, en renvoyant à la vraie leçon. Le P. Noël, pour indiquer les étoiles chinoifes, a adopté l'ordre de nos conftellations, & par-là il s'eft trouvé obligé de cou-per celles des Chinois, parce que plufieurs de celles-ci entrent dans deux & même dans trois de nos conftellations : par ce moyen, dans fon Catalogue, il femble les avoir multipliées, & on eft incertain fi c'eft la même ou une autre conftellation, ce qui ôte la facilité de connoître exactement le vrai fyftême chi-nois; on le trouvera tout entier & fans cet inconvénient dans mon Planifphère, auquel fe rapporte la Table alphabétique. Pour me conformer au défir de l'Académie, j'ai joint aux conftellations & aux étoiles la traduction que le P. Noël en a donnée. On trouve encore à la Bibliotheque du Roi un autre Planifphère d'une grandeur prodigieufe, également dreflé par nos Miffionnaires, mais fi mal imprimé qu'on a beaucoup depeine à reconnoître les noms & le nombre des étoiles de chaque conftellation.

C'eft à l'inftigation de M. le Monnier que j'ai entrepris ce travail, & j'efpère qu'il pourra être utile à tous les Aftronomes qui voudront fe fervir des anciennes obfervations faites à la Chine ; la difficulté de reconnoître les noms des étoiles, & la place qu'elles occupent par rapport aux nôtres, a été jufqu'à préfent un obftacle prefque infurmontable.

## *TABLE des vingt - quatre TSIE-KY.*

| | | | |
|---|---|---|---|
| 1 | LY-TCHUN..... | *Commencement du printemps*, correfpond au | 15ᵉ d. du Verfeau. |
| 2 | YU-CHOUI..... | *Eau de pluie*, ........................ | 1ᵉʳ d. des Poiffons. |
| 3 | KING-TCHE.... | *Mouvement des reptiles*, ............... | 15ᵉ d. des Poiffons. |
| 4 | TCHUN-FUEN... | *Equinoxe du printemps*, .............. | 1ᵉʳ d. du Belier. |
| 5 | TSING-MING... | *Clarté pure*, ........................ | 15ᵉ d. du Belier. |
| 6 | KO-YU........ | *Pluie fructifiante*, .................. | 1ᵉʳ d. du Taureau. |
| 7 | LY-HIA....... | *Commencement de l'été*, .............. | 15ᵉ d. du Taureau. |
| 8 | SIAO-MUON.... | *Petite abondance*, ................... | 1ᵉʳ d. des Gemeaux. |
| 9 | MANG-TCHONG. | *Semence du froment & du riz*, .......... | 15ᵉ d. des Gemeaux. |
| 10 | HIA-TCHI..... | *Solftice d'été*, ..................... | 1ᵉʳ d. de l'Écreviffe. |
| 11 | SIAO-TCHU.... | *Petite chaleur*, ..................... | 15ᵉ d. de l'Écreviffe. |
| 12 | TA-TCHU...... | *Grande chaleur*, .................... | 1ᵉʳ d. du Lion. |
| 13 | LY-TSIEOU.... | *Commencement de l'automne*, .......... | 15ᵉ d. du Lion. |
| 14 | TCHU-TCHU... | *Fin de la chaleur*, .................. | 1ᵉʳ d. de la Vierge. |
| 15 | PE-LOU....... | *Rofée blanche*, ..................... | 15ᵉ d. de la Vierge. |
| 16 | TSIEOU-FUEN... | *Equinoxe d'automne*, ................ | 1ᵉʳ d. de la Balance. |
| 17 | HAN-LOU...... | *Rofée froide*, ...................... | 15ᵉ d. de la Balance. |
| 18 | LOU-KIANG.... | *Bruine tombante*, ................... | 1ᵉʳ d. du Scorpion. |
| 19 | LY-TONG...... | *Commencement de l'hiver*, ............ | 15ᵉ d. du Scorpion. |
| 20 | SIAO-SIUE..... | *Petite neige*, ...................... | 1ᵉʳ d. du Sagittaire. |
| 21 | TA-SIUE...... | *Grande neige*, ..................... | 15ᵉ d. du Sagittaire. |
| 22 | TONG-TCHI.... | *Solftice d'hiver*, ................... | 1ᵉʳ d. du Capricorne. |
| 23 | SIAO-HAN..... | *Petit froid*, ....................... | 15ᵉ d. du Capricorne. |
| 24 | TA-HAN....... | *Grand froid*, ...................... | 1ᵉʳ d. du Verfeau. |

## LES DOUZE SIGNES CÉLESTES DES CHINOIS.

### Ces Signes ont, comme les nôtres, chacun trente degrés.

|  | Les douze Signes du Zodiaque du temps des HAN, tirés du P. Gaubil. |
|---|---|
| HAI-KONG...correspond aux Poissons. | KIANG-LEOU ......... au Belier. |
| SU-KONG ............. au Belier. | TA-LEANG, ........... au Taureau. |
| YEOU-KONG, ............ au Taureau. | CHESTCHIN.......... aux Gemeaux. |
| CHIN-KONG. .......... aux Gemeaux. | CHUN-CHEOU........ à l'Ecrevisse. |
| OUI-KONG. ........... à l'Ecrevisse. | CHUN-HO. .......... au Lion. |
| OU-KONG. ............ au Lion. | CHUN-OUEI. ......... à la Vierge. |
| SU-KONG. ............ à la Vierge. | CHEOU-SING. ........ à la Balance. |
| CHIN-KONG........... à la Balance. | TA-HO............. au Scorpion. |
| MAO-KONG. .......... au Scorpion. | SI-MOU............. au Sagittaire. |
| YN-KONG. ........... au Sagittaire. | SING-KI. ........... au Capricorne. |
| CHEOU-KONG.......... au Capricorne. | HIUEN-HIAO......... au Verseau. |
| TSE-KONG. ........... au Verseau. | TSIU-TSU ou TSEOU-TSE. aux Poissons. |

Les Chinois divisent encore le ciel en quatre régions ou parties, dans chacune desquelles ils mettent sept constellations; ainsi dans ce qu'ils appellent la région Orientale du ciel, sont les constellations KIO, KANG, TY, FANG, SIN, OUEI, KI.

La partie Septentrionale comprend les constellations TEOU ou NAN-TEOU, NIEOU, NIU, HIU, GOEY, CHE, PIE.

La partie Occidentale comprend les constellations KUEY, LEOU, GUEY, MAO, PY, TSU & TSAN.

La partie Méridionale comprend les constellations TSING, KUEY, LIEOU, SING, TCHANG, YE, TCHIN.

LE CYCLE de 60, dont les Chinois se servent pour compter les années & les jou

| | | | | | |
|---|---|---|---|---|---|
| 1 Kia-tse. | 11 Kia-su. | 21 Kia-chin. | 31 Kia-ou. | 41 Kia-chin. | 51 Kia-in. |
| 2 Y-tcheou. | 12 Y-hay. | 22 Y-yeou. | 32 Y-oui. | 42 Y-se. | 52 Y-mao. |
| 3 Ping-in. | 13 Ping-tse. | 23 Ping-su. | 33 Ping-chin. | 43 Ping-ou. | 53 Ping-chin. |
| 4 Ting-mao. | 14 Ting-tcheou. | 24 Ting-hai. | 34 Ting-yeou. | 44 Ting-oui. | 54 Ting-se. |
| 5 Vou-chin. | 15 You-in. | 25 Vou-tse. | 35 Vou-su. | 45 Vou chin. | 55 Vou-ou. |
| 6 Ky-se. | 16 Ki-mao. | 26 Ki-tcheou. | 36 Ki-hai. | 46 Ki-yeou. | 56 Ki-oui. |
| 7 Keng-ou. | 17 Keng-chin. | 27 Keng-yn. | 37 Keng-tse. | 47 Keng-su. | 57 Keng-chin. |
| 8 Sin-oui. | 18 Sin-se. | 28 Sin-mao. | 38 Tsin-tcheou. | 48 Sin-hay. | 58 Sin-yeou. |
| 9 Gin-chin. | 19 Gin-ou. | 29 Gin-chin. | 39 Gin-in. | 49 Gin-tse. | 59 Gin-su. |
| 10 Kuey-yeu. | 20 Kuey-oui. | 30 Kuey-se. | 40 Kuey-mao. | 50 Kuey-tcheou. | 60 Kuey-hai. |

## OBSERVATIONS *sur l'Orthographe Chinoise.*

*Ç* doit se prononcer comme TS.

*Ch* doit se prononcer comme TCH ; en conséquence, j'ai rangé sous le *Ç* le TS & TCH ; par exemple, *çan*, lisez TSAN ; *çao*, lisez TSAO ; *chang*, lisez TCHANG ; *chu*, lisez TCHU ; *chong*, lisez TCHONG.

*Ch* de nos Missionnaires François doit être prononcé sans T comme dans *chameau*, il est rangé dans l'*x*.

*I* ou *Y*. Les Chinois n'ont qu'un *i*, ainsi ces deux lettres sont placées ensemble.

*K* est le même que *Q* ; quelques Missionnaires se sont servi de *Q* comme QUANG, QUON ; on trouve ces mots dans le *K*, KUANG, KUON.

*M* à la fin des mots est la même chose que *ng* ; ainsi *mim* est le même que MING ; de même *mam* ou MANG, *vam* ou VANG.

*T*, le TS & le TCH des Missionnaires François sont placés sous le *Ç* & le *Ch*.

*V* & *u* est souvent prononcé OU.

*X*. Les Missionnaires Portugais & Espagnols se sont servi de cette lettre pour exprimer le *ch* prononcé comme dans *chameau*, *cheval*, &c. Ce *ch* doit être par conséquent distingué du *ch* qui est prononcé TCH ; en conséquence, je l'ai placé dans l'*x* ; ainsi *xang*, voyez CHANG ; *xy*, voyez CHI ; *xe*, voyez CHE ; *xouy*, voyez CHOUI.

TABLE

# TABLE

### DE TOUTES LES CONSTELLATIONS ET ETOILES CHINOISES.

## Ç ou *Ts.*

TSAN, *trois*, une des vingt-huit conftellations, compofée de dix étoiles $\alpha$, $\gamma$, $\xi$, $\varepsilon$, $\delta$, $\varkappa$, $\beta$, $\iota$, $\theta$, C d'Orion.

TSAN-KY, *drapeau peint de dragons qu'on met dans les chars*, conftellation compofée de neuf étoiles, 1 & 2 de O, G, 1 & 2 de $\pi$, 1 & 2 de $\zeta$, & deux autres petites d'Orion.

TSAO-FU, *nom d'homme*, conftellation compofée de fix étoiles, $\mu$, $\xi$, $\varepsilon$, $\delta$, $\lambda$, $\nu$, de la tête de Céphée.

TSE, *livre*, étoile $\gamma$ de Caffiopée.

TSE-OUEY-KONG, *palais*, le même que TSU VI-KONG.

TSY, *pays*, étoile du rameau d'Hercule.

TSY, *pays*, étoile $\omega$ du Capricorne.

TSIE, *amas*, deux étoiles devant le front du Scorpion fur l'écliptique. Cette conftellation du P. Noël n'eft pas dans le Planifphere du P. Grimaldy.

TSIE-CHI, *amas de cadavres*, étoile $\pi$ de la tête de Médufe.

TSIE-CHI-KY, *vapeurs que répandent les cadavres*, étoile $\varepsilon$ ou nébuleufe du Cancer.

TSIE-CHOUI, *amas d'eau*, étoile A de Perfée.

TSIE KONG, *les fept Princes*, conftellation compofée de fept étoiles $\tau$, $\varphi$, $\chi$, $\psi$ une petite d'Hercule, & $\mu$, $\chi$ du Bouvier.

B

Tsie-sin, *affemblage de bois*, étoile $\varkappa$ des Gemeaux.

Tsie-so, *foldats affemblés*, deux étoiles $\mu$, $\nu$ du Loup.

Tsien, *monnoie de cuivre*, étoile qui eft dans le pied de devant des Gemeaux. Cette étoile n'eft pas dans le Planifphere du P. Grimaldy.

Tsien-tay, *nom d'une tour*, conftellation compofée de quatre étoiles $\iota$, $\delta$, $\gamma$, $\beta$ de la Lire.

Tsieou-ki, *vafe à mettre du vin*, conftellation compofée de trois étoiles $\psi$, $\xi$, $\omega$ du Lion.

Tsin, *pays*, étoile $\delta$ du Serpentaire.

Tsin, *pays*, $\varkappa$ d'Hercule.

Tsin, *pays*, $\beta$ du Capricorne.

Tsin, *pays*, $\theta$ du Capricorne.

Tsin-hien, *produire un fage*, k de la Vierge.

Tsing, *puits*, une des vingt-huit conftellations, compofée de huit étoiles $\varepsilon$, D, $\xi$, $\lambda$, $\mu$, $\nu$, $\zeta$, $\eta$ des Gemeaux.

Tsing-kieou, *colline d'azur*, conftellation compofée de trois étoiles $\beta$, $\xi$, $o$ de l'Hydre femelle.

Tso-chi-fa, *Préfident du Tribunal de la gauche*, étoile $\eta$ de la Vierge.

Tso-hia, *crochet de la gauche que l'on met à l'effieu*, étoile $\eta$ du Corbeau.

Tso-keng, *foldats de la veille de la gauche*, conftellation compofée de cinq étoiles $\nu$, $\mu$, $\pi$, $\sigma$, $o$ du Belier.

Tso-ky, *étendard de la gauche*, conftellation compofée de huit étoiles dont $\alpha$, $\beta$, $\gamma$, $\delta$, $\zeta$, $\chi$, $y$ de la Fleche, & $\rho$ de l'Aigle.

Tso-ky , *étendard du trône* , conftellation compofée de quatre étoiles dans le fouet du Cocher.

Tso-tche-ti *ou* Tso-nie-ti , *levée de la gauche* , conftellation compofée de trois étoiles *o*, *π*, *ζ* du Bouvier.  ·

Tso-tchu, *gond des portes de la gauche* , étoilé *ι* du Dragon.

Tsong-jin , *homme honorable* , conftellation compofée de quatre étoiles P, O, N, K près le bras du Serpentaire.

Tsong-kuon , *Préfet fubalterne* , petite étoile du Lion.

Tsong-kuon , *les Affeffeurs des Magiftrats* , conftellation compofée de deux étoiles *λ*, *γ* du Loup.

Tsong-sing , *étoile de l'Empereur Tfong* , conftellation compofée de deux etoiles du rameau d'Hercule.

Tsong-tching , *le Préfident de la Cour de l'Empereur* , conftellation compofée de deux étoiles *β*, *γ* du Serpentaire.

Tsu , *pays* , étoile A de la conftellation du Capricorne.

Tsu , *cornes de Hibou* , le même que Tsuy. Le P. Noël a traduit *Levres*.

Tsu , *fils* , conftellation compofée de *β*, *γ* de la Colombe.

Tsu , *latrine* , conftellation compofée de quatre étoiles *α*, *β*, *δ*, *y* de la conftellation du Lievre.

Tsu , *pays ε* du Serpentaire.

Tsu-siang , *le fecond Confeiller de l'Empereur* , étoile *δ* de la Vierge.

Tsu-siang, *le fecond Confeiller* , étoile *θ* du Lion.

Tsu-tchouy , le même que Tsuy.

Tsu-tsao, *nattes* , conftellation compofée de fix étoiles *σ*, *ε*, *ρ*, deux petites de la Baleine , & *σ* de l'Eridan.

Tsu-tsiang, *le second Général*, ε de la Vierge.

Tsu-tsiang, *le second Général*, ι du Lion.

Tsu-kong-yuen, *murailles du palais Tfu.* Ce font quinze étoiles qui entourent ce palais; d'un côté α, κ, λ du Dragon, & trois autres dans la Giraffle; de l'autre côté, ι, θ, η, ζ, χ du Dragon κ, γ de Céphée, & une petite dans la Renne.

Tsu-vi-kong, *palais Tfu-vi*, le même que tse-ouei-kong. Ce palais eft déterminé par le cercle de perpétuelle apparition des étoiles, ainfi les étoiles de ce palais ne fe couchent pas. Il contient la grande & la petite Ourfe, la Renne, une partie de Céphée, de Caffiopée, de la Giraffle & du Bouvier.

Tsuy *ou* Tsu, *les levres*, une des vingt-huit conftellations, compofée de trois étoiles χ & 1 & 2 de φ d'Orion.

# CH ou TCH.

Tchang, *ouverture*, une des vingt-huit conftellations, compofée de fix étoiles φ, μ, λ, κ, & deux petites de l'Hydre femelle.

Tchang-cha, *nom de ville*, ζ du Corbeau.

Tchang-gin, *foldat*, conftellation compofée de α, ε de la Colombe.

Tchang-yuen, *grand mur*, conftellation compofée de quatre étoiles K, L, & deux petites du Lion.

Tchang-tchin, *Préfet du palais*, conftellation compofée de trois étoiles dans les Chiens de chaffe.

Tchao, *pays*, petite étoile du Capricorne.

Tchao, *pays*, étoile λ d'Hercule.

Tchao-yao, *qui appelle avec la main*, étoile y du Bouvier.

TCHE-FU , *lieu où l'on met les chars* , conftellation compofée de quatre étoiles $\xi$ , $\rho$ , A , G de la queue du Cygne & d'une petite du Lézard marin.

TCHE - KI , *les cavaliers des chars* , conftellation compofée de trois étoiles $\xi$ , $\rho$ , $\beta$ du Loup.

TCHE - NIU , *la fileufe* , conftellation compofée de trois étoiles $\alpha$ , $\epsilon$ , $\zeta$ du Vautour tombant.

TCHE - SU , *fuite de chars* , conftellation compofée de deux étoiles $o$ , $\nu$ du Serpent , appelée par le P. Noël KIU-SU.

TCHE-TI , *voyez* TSO-TCHE-TI & YEU-TCHE-TI.

TCHE-TAO , *voie rouge* , l'Equateur.

TCHEOU *ou* TCHEU , *pays* , étoile $\eta$ du Capricorne.

TCHEOU , *pays* , étoile $\beta$ du Serpent.

TCHEOU - TING , *trépied des Teheou* , conftellation compofée de trois étoiles de la chevelure de Bérénice.

TCHIN , *timon* , une des vingt-huit conftellations, compofée de quatre étoiles $\beta$ , $\gamma$ , $\delta$ , $\epsilon$ du Corbeau.

TCHIN-KIU , *chars de guerre* , trois étoiles du Scorpion ; elles n'exiftent pas dans le P. Grimaldy.

TCHIN-TCHE , *voie des Chariots* $\gamma$ du Scorpion.

TCHING , *pays* , $\gamma$ du Serpent.

TCHING , *pays* , petite étoile du Capricorne.

TCHO , le même que PI *ou* PIE , Taureau.

TCHONG-CHAN , *pays* $o$ d'Hercule.

TCHONG-TAY , *Préfident du milieu* , étoile $\lambda$ , $\mu$ de la grande Ourfe.

Tchu *ou* Tchou , *colonne*, conftellation compofée de trois étoiles o L, & une du Centaure.

Tchu, *colonne*, conftellation compofée de G , K, I du Centaure.

Tchu, *colonne*, conftellation compofée de $\eta$ , $\sigma$ , $\zeta$ du Loup.

Tchu, *colonne*, conftellation compofée de trois étoiles $\chi$, N, & une petite du Centaure.

Tchu, *colonne*, conftellation compofée de $\varkappa$ , $\iota$ , $\tau$ du Loup.

Tchu , *pilon*, étoile $\pi$ de Pégafe.

Tchu, *colonne*, conftellation compofée de $\nu$, $\tau$, $\upsilon$ du Cocher.

Tchu, *colonne*, conftellation compofée de $\chi$ & deux petites du Cocher.

Tchu , *colonne*, conftellation compofée de $\varepsilon$ , $\eta$, $\zeta$ du Cocher.

Tchu, *pilon*, conftellation compofée de $\alpha$ , $\sigma$ de l'Autel.

Tchu-su , *l'Hiftoriographe de l'Empereur*, $\varphi$ du Dragon.

Tchu-vang , *tous les Rois*, conftellation compofée de fix étoiles, dont trois entre la jambe gauche du Cocher & l'Ecliptique, $\tau$ & deux petites fur le front du Taureau.

Tchuen-che , *les demeures des Coureurs*, conftellation compofée de cinq étoiles; les deux premières 1 & 2 de A de Caffiopée; la troifième $\omega$ de Caffiopée; la quatrième entre le pied de Caffiopée & le bras de Perfée; la cinquième dans la Giraffle.

# F.

Fa , *punir*, conftellation compofée de $\varphi$, $\chi$ & une petite du Scorpion.

Fa , faute dans le P. Noël, *voyez* Tay.

Fa , *armes offenfives*, conftellation faifant partie de la grande conftellation Tsan, l'une des vingt-huit, compofée de C, $\theta$, $\iota$ d'Orion.

FANG, *maiſon*, l'une des vingt-huit conſtellations, compoſée de quatre étoiles β, δ, π, ρ du Scorpion.

FI - YU, *poiſſon volant*, conſtellation compoſée de ſept étoiles α, β, γ, δ, ε, ζ, η du Poiſſon volant.

FU-YUE, *nom d'homme*, nébuleuſe proche la queue du Scorpion.

FU-YUE, *hache*, trois conſtellations compoſées chacune de trois étoiles; la première 1, & 2 de A & I; la ſeconde 1, 2, 3 de B; la troiſième 1, 2, 3 de G du Verſeau.

FU-KUANG, *porteur de paniers*, conſtellation compoſée de cinq étoiles B, C, D, o, & une petite du Dragon.

FU-LOU, *chemin*, étoile ζ de Caſſiopée.

FU-PE, *blancheur attachée*, conſtellation compoſée de deux étoiles ν de l'Hydre de M. de la Caille, & γ de la Montagne de la Table, ou l'Hydre de M. de la Hire.

FU-SING, *étoile qui ſecoure*, G de la grande Ourſe.

FU-TCHE, *hache*, conſtellation compoſée de cinq étoiles ſur le ventre de la Baleine.

FU-ULH, *attaché à l'oreille*, σ du Taureau.

FUEN-MU, *ſépulcre*, conſtellation compoſée de γ, η, ζ, π du Verſeau.

# G ou J.

GE, *le Soleil*, étoile λ de la Balance.

GIN - SING, *l'étoile de l'homme*, conſtellation compoſée de trois étoiles E, F, G, au deſſus du petit Cheval.

GOEY, *pays*, étoile δ d'Hercule.

GOEY, *pays*, étoile χ du Capricorne.

GOEY, *danger*, l'une des vingt-huit conſtellations, compoſée de trois étoiles α du Verſeau, & θ, ε de Pégaſe.

GOEY, *l'eſtomac*, une des vingt - huit conſtellations, compoſée de trois étoiles de la Fleur-de-lis.

# *H.*

HAI-CHAN, *montagne maritime*, conſtellation compoſée de ſix étoiles dans le Rocher.

HAI-CHE, *Rocher de la mer*, conſtellation compoſée de cinq étoiles dans le Rocher, au bas du vaiſſeau.

HAN, *pays*, étoile φ du Capricorne.

HAN, *pays*, étoile $\zeta$ du Serpentaire.

HENG, *Balance*, conſtellation compoſée de quatre étoiles $\tau$, $v$, φ, M du Centaure.

HEU *ou* HEOU, *dignité*, étoile $\alpha$ du Serpentaire.

HEU-KONG, *palais de la Reine*, B de la petite Ourſe.

HI - TCHONG, *nom d'homme*, conſtellation compoſée de quatre étoiles θ, $\iota$, $\varkappa$, $\omega$ du Cygne.

HIA-KIAI, étoile ſupérieure, ou $v$ de HIA-TAY.

HIA-TAY, *le troiſième Préſident*, étoile $v$, $\xi$ de la conſtellation de la grande Ourſe.

HIEN-YUEN, *nom d'homme*, conſtellation compoſée de ſeize étoiles $\rho$, $\alpha$, $o$, $\zeta$, $\eta$, $\gamma$, $\lambda$, $\mu$, $\varepsilon$, M, $\varkappa$ du Lion F, & une petite du petit Lion, & quatre autres du Linx.

HING-TCHIN, *faveur des Miniſtres*, petite étoile de la queue du Lion.

HIU, *vuide*, l'une des vingt-huit conſtellations, compoſée de deux étoiles $\alpha$ du petit Cheval, & $\beta$ du Verſeau.

HIU-LEANG, *porte ouverte de la cataracte*, conſtellation compoſée de quatre étoiles de $\varkappa$ du Verſeau.

HIUEN-

Hiuen-ko, *lance bleue* , étoile λ du Bouvier.

Ho, *oiseau qui mange les serpens & les poissons*, constellation composée de onze étoiles α , β , δ , ε , ξ , θ , ι , κ , μ , π de la Grue, & γ du Toucan.

Ho, *espece de mesure*, constellation composée de trois étoiles, dont I, K de la massue d'Hercule & κ du Serpentaire.

Ho-chu, nom des étoiles Nan-ho & Pe-ho.

Ho-kien, *nom de ville* , étoile γ d'Hercule.

Ho-ku , *tambour du fleuve Hoang-Ho* , constellation composée de trois étoiles α , β , γ de l'Aigle.

Ho-niao, *oiseau de feu*, constellation composée de dix étoiles β , ρ, 1 & 2 de λ , μ , κ , ε , θ , ι du Phœnix, & β du Sculpteur.

Ho-tchong , *fleuve du milieu* , β d'Hercule.

Hoa-kai , *parasol, belle couverture*, constellation composée de quatre étoiles dans la Renne.

Hoan-tche, *Eunuque*, constellation composée de quatre étoiles L d'Hercule E, F, & une petite du Serpentaire.

Hoang-tao , *voie jaune* , l'Ecliptique.

Hu-che *ou* Hou-che, *qui tire des fleches*, constellation composée de dix étoiles ι , ξ , ο , κ , λ , γ du Vaisseau, & ιι , δ , ε , κ de Syrius.

Hu-fen, *gardes de l'Empereur* , étoile du petit Lion.

Hu-kua , *concombre*, constellation composée des quatre étoiles α , β , γ, δ du Dauphin.

Hu-kuon , *souverain chasseur*, faute dans le P. Noël, voyez Hu-fen.

C

# *I* ou *Y*.

Y-TSIO ; *oiseau admirable*, conſtellation compoſée de dix
étoiles, deſquelles $\zeta$, $\iota$, $\beta$, $\alpha$, $\epsilon$, $\eta$ de l'Apus, & $\rho$, $\pi$, $\varkappa$, $\delta$
de l'Octans.

YANG-MOEN, *porte du Yang*, conſtellation compoſée de deux
étoiles $\pi$, $\rho$ du Centaure.

YAO-KUANG, *agitation de la lumière*, étoile $\eta$ de la conſtellation de la grande Ourſe.

YE, *aile*, une des vingt-huit conſtellations, compoſée de
vingt-deux étoiles $\alpha$, $\beta$, $\delta$, $\epsilon$, $\zeta$ ; $\eta$, $\theta$, $\iota$, $\lambda$, $\nu$, cinq
autres petites étoiles de la coupe $\chi$ du corps de l'Hydre
femelle, & cinq autres en dehors.

YE-KY, *faiſan*, conſtellation compoſée de cinq étoiles $\beta$, $\nu$, $\xi$,
deux petites de Syrius.

YE-TCHE, *hôte qui viſite*, étoile C de la Vierge.

YEN, *pays*, étoile $\zeta$ du Capricorne.

YEN, *pays*, étoile $\nu$ du Serpentaire.

YEU-CHI-FA, *règle des conditions de la droite*, (*eſpece de
tribunal*) étoile $\beta$ de la Vierge.

YEU-HIA, *crochet de la droite que l'on met à l'eſſieu*, étoile
$\alpha$ du Corbeau.

YEU-KENG, *ſoldats de la veille de la droite*, conſtellation
compoſée de cinq étoiles $\rho$, $\eta$, $\pi$, $o$, & d'une petite des
liens des Poiſſons.

YEU-KY, *étendard de la droite*, conſtellation compoſée des
ſept étoiles $\delta$, $\mu$, $\nu$ de l'Aigle, & $\iota$, $\varkappa$, $\sigma$, F d'Antinoüs.

Yeu-tche-ti *ou* Yeu-nie-ti, *levée de la droite*, conftellation compofée des trois étoiles $n$, $\tau$, $v$ du Bouvier.

Yeu-tchu, *le gond des portes de la droite*, étoile $\alpha$ de la conftellation du Dragon.

Yn-te, *repos de la vertu*, deux petites étoiles proche la queue du Dragon.

Ing-che, le même que che, voyez che.

Yo-heng, *tube pour regarder les Aftres*, $\epsilon$ de la grande Ourfe.

Yo-heng, voyez Cho du Pe-teu.

Yo-tsing, *puits des pierres précieufes*, conftellation de quatre étoiles $\beta$, $\psi$ de l'Eridon, & *de* $\tau$, $\lambda$ d'Orion.

Yu, *poiſſon*, étoile du pied du Serpentaire.

Yu-lin-kiun, *l'armée d'Yu-lin*, conftellation compofée de quatre étoiles $\chi$, & 1, 2, 3 de $\psi$ du Verfeau.

Yu-niu, *fille impériale*, étoile $\pi$ du Lion.

Yu-sing, faute dans le P. Noël, voyez Kien-sing.

Yue, *pays*, étoile $\psi$ du Capricorne.

Yue, *la Lune*, étoile A du Taureau.

Yue, *la hache*, étoile $n$ des Gemeaux.

Yun-yu, *les nues & la plûie*, conftellation compofée de quatre étoiles $\lambda$, $u$ des poiſſons, & de deux autres petites fur l'Ecliptique.

# K ou Q.

Kay-yang, *l'ouverture du Yang*, $\zeta$ de la grande Ourfe.

Kay-ouo, *qui couvre les maifons*, étoile $o$ de la conftellation du Verfeau.

KANG , *paille* , étoile proche le $\gamma$ du Sagittaire.

KANG , *cour antérieure* , une des vingt–huit conftellations , compofée de quatre étoiles $\upsilon$ , $\iota$ , $\varkappa$ , $\lambda$ de la Vierge.

KANG-PI , voyez KANG du Sagittaire.

KANG-TCHI , *étang profond* , conftellation compofée des quatre petites étoiles au deſſus du TA-KIO du Bouvier.

KE-SING , *étoile des trois hôtes* , étoile nouvelle qui parut en 1572 , dans Caſſiopée.

KENG - HO , *le fleuve Keng* , conftellation compofée de trois étoiles $\rho$ , $\sigma$ , $\epsilon$ du Bouvier.

KEU , *chien* , conftellation compofée de deux étoiles $\chi$ , H du Sagittaire.

KEU - KOUE , *royaume de Keu* , conftellation compofée de quatre étoiles A , B , C , $\omega$ du Sagittaire.

KEU-LING , *fonnette du Harpon* , étoile $\omega$ du Scorpion.

KEU-TCHIN , *nom de femme* , conftellation compofée de fix étoiles, dont $\eta$ , $\epsilon$ , $\delta$ , $\alpha$ de la petite Ourfe , une autre dans la Renne , & l'autre dans la jambe de Céphée.

KY , *crible* , une des vingt - huit conftellations , compofée de quatre étoiles $\delta$ , $\gamma$ , $\epsilon$ , $\eta$ du Sagittaire.

KY-KUON , *le Préfet de la Cavalerie* , conftellation compofée de trois étoiles $\theta$ , $\pi$ , $o$ du Loup.

KY-TCHIN-TSIANG-KIUN , *le Général de la Cavalerie* , étoile $\sigma$ du Loup.

KIA-PE , *blancheur refferrée* , conftellation compofée de deux étoiles $\eta$ , $\beta$ du grand Nuage.

KIE , *fon* , conftellation compofée de $\theta$ , & d'une petite du Verfeau.

KIEN-PI, *Serrurier*, étoile $v$ du Scorpion.

KIEN-SING, *étoile du Tambour céleste*, conftellation compofée de fix étoiles $v$, $\rho$, D, $o$, $\pi$, $\xi$ du Sagittaire.

KIEU, *mortier*, conftellation compofée de trois étoiles $\iota$, $\varkappa$, $\mu$ du Pégafe.

KIEU-HO, *nom de fleuve*, étoile $\mu$ d'Hercule.

KIEU-YEU, *gland des drapeaux des Vice-Rois*, conftellation compofée de huit étoiles $\mu$, $\omega$, & d'une petite de l'Eridan, plus cinq autres plus bas.

KIEU - KAN, *les neuf Kan*, conftellation compofée de quatre étoiles dans le Microfcope.

KIEU-KING, *les fix Tribunaux de la Cour fuprême*, conftellation compofée de trois étoiles $\rho$, 1 & 2 de D de la Vierge.

KIEU-TCHEU-TCHU-YU, *les limites des provinces*, conftellation compofée de cinq étoiles $v$, $\xi$, A, & d'une petite de l'Eridan.

KIN-YU, *poiffon d'or*, conftellation compofée de quatre étoiles $\alpha$, $\beta$, $\delta$, $v$ de la Dorade.

KIO, *la corne*, une des vingt-huit conftellations, compofée de deux étoiles $\alpha$, $\zeta$, de la Vierge.

KIO de la gauche eft le TIEN-TIEN.

KIU-KI, voyez TCHE-KI.

KIU-SU, le même que TCHE-SU.

KIUE-KIEU, faute dans le P. Noël, lifez KIUE-PING.

KIUE-PING, *foldats des paffages*, conftellation compofée de deux petites étoiles fur le col de la Licorne.

KIUEN-CHE, *langue embarraffée*, conftellation compofée de fix étoiles $v$, $\epsilon$, $\xi$, $\zeta$, $o$, O de la conftellation de Perfée.

KIUN-CHI, *marché du camp*, β du Syrius.

KIUN-NAN-MOEN, *le Général de l'armée du Midi*, étoile φ d'Andromede.

KIUN-TSING, *puits des camps*, conftellation çompofée de quatre étoiles *v, ι, κ, λ* du Lievre.

Ko, *pleurs*, conftellation compofée de deux étoiles E du Verfeau, & *μ* du Capricorne.

Ko-TAO, *nom d'un Tribunal*, conftellation compofée de fept étoiles *ι, ε, δ, φ, μ, ν, o* de Caffiopée.

KONG-TSIO, *paon*, conftellation compofée de dix étoiles *α, γ, ε, ξ, η, π, ν, λ, κ, δ, υ* du Paon.

KOU-LEU, *aire du magafin*, conftellation compofée de huit étoiles θ, ψ, κ, λ, μ, O, G, P du Centaure.

KUEY du PE-TEU, les quatre premières étoiles *α, β, γ, δ* de la grande Ourfe.

KUEY, *fondement*, une des vingt-huit conftellations, compo-fée de feize étoiles *β, μ, ν, π, δ, ε, ζ, η,* I d'Andromede, la deuxième de *σ*, G, L, *υ, φ, ψ*, & la première de ψ des Poiffons.

KUEY, *tortue*, conftellation compofée de trois étoiles *β, γ, ζ* de l'Autel.

KUEY, *fantôme*, une des vingt-huit conftellations, compofée de quatre étoiles *γ, η, θ, δ* du Cancer.

KUON, *fanal*, conftellation compofée de quatre étoiles ψ des Gemeaux, & *φ, λ, ω* du Cancer.

KUON-SO, *collier*, conftellation compofée de neuf étoiles *ρ, ι, δ, ε, γ, α, β, θ*, & d'une petite de la Couronne boréale.

# *L.*

Lᴀɴɢ-ɢᴏ ᴇʏ , *une dignité* , conftellation compofée de neuf étoiles A , B , C , E , F , 2 de G , H , K de la chevelure de Bérénice.

Lᴀɴɢ-ꜱɪɴɢ , *étoile du Loup* , α de Syrius.

Lᴀɴɢ-ᴛꜱɪᴀɴɢ , *Général de la Milice* , étoile de la chevelure de Bérénice.

Lᴀʏ-ᴘᴇ , faute dans le P. Noël , voyez Kɪᴀ-ᴘᴇ.

Lᴀᴏ-ᴊɪɴ , *l'homme vieux* , étoile α de l'Argo.

Lᴇᴀɴɢ , *pays* , étoile $\delta$ du Serpent.

Lᴇᴏᴜ , *récolte des fruits* , une des vingt-huit conftellations , compofée de trois étoiles α , β , γ du Belier.

Lʏ - ᴄʜᴇ , *pierre de côs* , conftellation compofée de quatre étoiles ψ , χ , P , & d'une petite du Taureau.

Lʏ-ʏᴜ , *lyre de pierre précieufe* , conftellation compofée de deux étoiles du Microfcope.

Lʏ-ᴋᴜɴɢ , *palais féparés* , trois conftellations compofées chacune de deux étoiles ; la première η , o fur la jambe gauche de Pégafe ; la feconde λ , μ fur fa cuiffe droite ; la troifième υ , τ fur le poitrail.

Lɪᴇ - ꜱᴜ , *marchandifes arrangées* , conftellation compofée de deux étoiles λ d'Hercule , & σ du Serpent.

Lɪᴇɴ - ᴛᴀᴏ , *voie des chars* , conftellation compofée de quatre étoiles π , η , θ , & d'une petite du Vautour.

Lɪᴇᴜ , *faule* , une des vingt - huit conftellations , compofée de huit étoiles θ , ω , ζ , ε , δ , η , ρ , σ de l'Hydre femelle.

Ling-tay, *tour de l'intelligence*, conftellation compofée de trois étoiles X, C, D du Lion.

Lo-yen, *cataracte du fleuve Lo*, conftellation compofée de deux étoiles τ, υ du Capricorne.

Lo-kia, *les fix kia du cycle*, étoile dans la Girafle.

Luy-pie-tchin, *enceinte du camp*, conftellation compofée de douze étoiles γ, δ, ε, κ du Capricorne, ι, σ, λ, φ du Verfeau, & de quatre autres petites.

Luy-tien, *éclair*, conftellation compofée de fix étoiles ζ, ξ, σ, trois de Q, de Pégafe.

# M.

Ma-fo, *ventre de cheval*, conftellation compofée de trois étoiles B, γ, δ du Centaure.

Ma-ouey, *queue de cheval*, conftellation compofée de quatre étoiles β, η, E, D du Centaure.

Mao, *foutien des chofes de la nature*, une des vingt-huit conf-tellations, compofée de fept étoiles des Pléïades.

Mao-teu, le même que Mao, les Pléïades.

Mie-fung, *abeille*, conftellation compofée de quatre étoiles α, β, γ, δ de l'Abeille ou de la Mouche.

Ming-tang, *cour de l'Empereur, qui fervoit autrefois à rece-voir les Vice-Rois*, conftellation compofée de trois étoiles τ, υ, E du Lion.

Nan-hay ;

# *N.*

N**an-hay**, *mer méridionale*, étoile ξ du Serpent.

N**an-ho**, *fleuve du Midi*, conftellation compofée de deux étoiles α, β de Procyon.

N**an-moen**, *porte du Midi*, conftellation compofée de α, & A du Centaure.

N**an-tchuen**, *vaiffeau auftral*, conftellation compofée de cinq étoiles β, ω, θ, P, P du chêne de Charles II, *ou conf-*tellation dans le Rocher.

N**an-teu**, voyez T**eu** dans le Sagittaire.

N**iao-hoey**, *bec d'oifeau*, conftellation compofée de fix étoiles du Toucan α, δ, η, β, ξ, & d'une petite.

N**iao-tcho**, faute dans le P. Noël, lifez N**iao-hoey**.

N**ien-tao**, faute dans le P. Noël, lifez L**ien-tao**.

N**ieu**, *bœuf*, l'une des vingt-huit conftellations, compofée de cinq étoiles α, ξ, β, ρ, π du Capricorne.

N**iu**, *la Vierge*, l'une des vingt-huit conftellations, compo-fée de quatre étoiles μ, ε du Verfeau, & de deux autres dans la fleche d'Antinoüs.

N**iu-su**, *fille qui écrit l'Hiftoire*, étoile ψ de la conftellation du Dragon.

N**iu-tchouang**, *le lit d'une fille*, conftellation compofée de trois étoiles ρ, π, E d'Hercule.

N**uy-kiay**, *degrés intérieurs*, conftellation compofée de fix étoiles A, π, τ, B, C, o de la grande Ourfe.

N**uy-ou-tchu-heu**, cinq étoiles à l'occident de K**ieu-king**,

D

dans la Vierge. Cette conftellation ne fe trouve ni dans le P. Noël, ni dans le P. Grimaldy.

Nuy-ping, *mur qui eft devant la porte du palais*, conftellation compofée de quatre étoiles *o*, *π*, *ν*, *ξ* de la Vierge.

Nuy-ping, *paix intérieure*, conftellation compofée de quatre étoiles dans la tête du petit Lion.

# O.

Ou, faute dans le P. Noël, lifez Ou-yue.

Ou-yue, *pays*, étoile *ζ* de l'Aigle.

Ou-tche, *les cinq chars*, conftellation compofée de fix étoiles ; les cinq premières font *α*, *β*, *θ*, *ι*, une petite du Cocher ; la fixième eft *β* du Taureau.

Ou-tchou-heu, *les cinq vaffaux*, conftellation compofée de cinq étoiles *θ*, *τ*, *ι*, *o*, *φ* des Gemeaux.

Ou-ti-tso, *le trône des cinq Empereurs*, conftellation compofée de cinq étoiles *β*, *o*, & de trois petites de la queue du Lion.

Ouey, *la queue*, l'une des vingt-huit conftellations, compofée de neuf étoiles *ε*, *μ*, *ζ*, *η*, *θ*, *ι*, *κ*, *λ*, *υ* du Scorpion.

# P.

Pa, *pays*, étoile *ε* du Serpent.

Pa-ko, *huit efpèces de fruits*, conftellation compofée de neuf étoiles *ξ*, *δ* du Cocher, deux dans les cornes de la Chevre, une dans la Girafle, & quatre autres petites.

Pay-kieou, *qui renverfe les mortiers*, conftellation compofée de deux étoiles *λ*, *γ* de la Grue.

PAY-KOUA, *qui disperse les concombres*, constellation composée de quatre étoiles $\eta$, $\theta$, $\iota$, $\varkappa$ du Dauphin.

PE-HO, *fleuve du Nord*, constellation composée de trois
étoiles $\alpha$, $\beta$, $\rho$ des Gemeaux.

PE-KI ou PE-KIE ou PE-TCHIN, *pole boréal*, nom des cinq
étoiles $\gamma$, $\beta$, A, B, de la petite Ourse, & d'une petite dans
la Girafle.

PE-LOU-SE-MOEN, *Préfet des armes de la contrée boréale*,
étoile $\alpha$ du Poisson du Midi.

PE-TEOU, *boisseau du Nord*, nom des sept étoiles $\alpha$, $\beta$, $\gamma$, $\delta$,
$\varepsilon$, $\zeta$, $\eta$ de la grande Ourse.

PE-TOU, *mesure pour les marchandises*, constellation composée de deux étoiles du Rameau.

PIE, *petit filet avec un long manche*, l'une des vingt-huit cons-
tellations, composée de neuf étoiles $\lambda$, $\gamma$, $\delta$, $\varepsilon$, $\theta$, $\alpha$, $\sigma$,
& de deux petites du Taureau.

PIE, *muraille*, une des vingt-huit constellations, composée
de l'étoile $\alpha$ d'Andromede, & de $\gamma$ de Pégase.

PIE, *tortue*, constellation composée de quatorze étoiles $\mu$, $\nu$,
$\iota$, $\varkappa$, $\lambda$, $\alpha$, $\varepsilon$, $\zeta$, $\beta$, $\eta$, $\xi$, $\theta$, $\gamma$, $\delta$ de la Couronne
australe.

PIE-LIE, *la foudre*, constellation composée de cinq étoiles
$\beta$, $\gamma$, $\theta$, $\iota$, $\omega$ des Poissons.

PIE-TCHIN-LOUI, voyez LOUI-PIE-TCHIN.

PING-SING, *mur en face de la porte*, constellation composée
de deux étoiles $\mu$, $\varepsilon$ du Lievre.

PING-SING, *étoile de la paix*, constellation composée de deux
étoiles $\gamma$, $\pi$ de l'Hydre femelle.

PING-TAO, *voie droite*, constellation composée de deux
étoiles M, $\theta$ de la Vierge.

D ij

Po-su , *le Perfan* , conftellation compofée de onze étoiles α, λ, θ, δ, μ, ι, η, & trois autres petites, de la conftellation de l'Indien.

# *S.*

San-kio-hing , *figure des trois cornes* ; conftellation compofée de trois étoiles α, β, γ du Triangle auftral.

San-kong , *les trois Rois* , conftellation compofée de trois petites étoiles fur le fein de la Vierge.

San-kong , *les trois Rois* , trois petites étoiles dans la tête des Lévriers.

San-su *ou* San-se , *les trois Préfidens* , conftellation compofée de trois étoiles D, σ, ρ de la grande Ourfe.

San-tay , *les trois Tay* , voyez Chang-tay, Tchong-tay, & Hia-tay. On les appelle encore Tay-kiai ou Tien-kiai.

Si - hien , *colline de l'Occident* , conftellation compofée de quatre étoiles η, θ, ψ de la Balance , & ξ du Scorpion.

Siang , *Miniftre* , conftellation compofée de trois petites étoiles au deffous de ε de la grande Ourfe.

Siao - teou , *petit boiffeau* , conftellation compofée de huit étoiles β, ε, δ, γ, ζ, η, θ, α du Caméléon.

Sin , *le cœur* , une des vingt-huit conftellations , compofée de trois étoiles α, σ, τ du Scorpion.

Sin-tchin , voyez Hing-tchin.

Sing , *étoile* , une des vingt-huit conftellations , compofée de fept étoiles ι, 1 & 2 de τ, α, & trois autres petites de l'Hydre femelle.

Siu , *nom d'une ville* , étoile θ du Serpent.

Siuen-ky, voyez Kuey du Pe-teou.

Song , *pays* , η du Serpentaire.

Su-fi *ou* Se-fy, *qui veille contre les vices*, conftellation com-pofée de deux étoiles δ, γ du petit Cheval.

Su - fo , *les quatre Confeillers* , conftellation compofée de quatre étoiles dans la Girafle.

Su-goei , *qui préfide aux malheurs* , conftellation compofée de β du petit Cheval.

Su - kuay , *qui préfide aux cas extraordinaires* , conftellation compofée de quatre étoiles 1 & 2 de χ de la maffue d'Orion, & de deux autres petites étoiles au deffus.

Su-lo *ou* Se-lou , *qui préfide aux dignités* , conftellation com-pofée de deux étoiles du Verfeau D, & une petite.

Su - ming , *qui préfide à la vie*, conftellation compofée de deux étoiles du Verfeau.

Su-to , *les quatre fleuves* , conftellation compofée de quatre étoiles E des Gemeaux, & de trois autres étoiles du Mono-ceros.

Sun , *neveu*, conftellation compofée de deux étoiles π, θ de la Colombe.

# T.

Ta - chin , le même que Sin.

Ta-kio , *la grande corne* , étoile α du Bouvier.

Tay , *pays* , ι du Capricorne.

Tay-y , *première unité*, petite étoile entre α & π du Dragon.

Tay-yang-cheou , *le Gouverneur de la ville Tay-yang*, étoile χ de la grande Ourfe.

TAY-LING , *colline pour la sépulture des Empereurs*, conftellation compofée de huit étoiles ; les quatre premières font $\chi$ , $\tau$ , $\iota$ , $\kappa$ de Perfée ; les quatre autres $\beta$ , $\rho$ , P , Q de la tête de. Médufe.

TAY-OUEI-KONG-YUEN , *muraille du palais Tay-ouei*, dix étoiles, d'un côté , $\delta$ , $\theta$ , $\iota$ , $\sigma$ , $\beta$ du Lion ; de l'autre côté, $\eta$ , $\gamma$ , $\delta$ , $\varepsilon$ , & une petite de la Vierge.

TAI-OUEI-KONG , le même que TAY-VI-KONG. Ce palais eft renfermé entre TSE-OUEI & l'Equateur ; il contient les pattes de derrière , la queue & le dos du Lion , la partie orientale du petit Lion, les chiens de chaffe , la chevelure de Bérénice, une partie du Bouvier, & la plus grande partie de la Vierge.

TAY-TSU , *le Prince héritier de l'Empire* , étoile $\gamma$ de la petite Ourfe.

TAY-TSU , *Prince héritier de l'Empire*, petite étoile du Lion.

TAY-TSUN , *grand vafe*, étoile $\psi$ de la grande Ourfe.

TAY-VI-KONG , *palais*, voyez TAI-OUEI-KONG.

TE-YN fuivant le P. Noël, voyez YN-TE.

TENG - CHE , *ferpent qui provoque les nuées* ,. conftellation compofée de feize étoiles, dont trois $\sigma$ , $\rho$ , $\tau$ de Caffiopée, une autre petite proche le bras de Céphée, fept autres proche la queue du Cygne , plus une autre petite dans le Lézard marin, & quatre autres étoiles $\lambda$ , $\psi$ , N , dans la main d'Andromede.

TEU , *boiffeau*, conftellation compofée de cinq étoiles $\omega$ , P , H , O , N de la maffue d'Hercule.

TEU , *boiffeau*, une des vingt-huit conftellations , compofée de fix étoiles $\zeta$ , $\tau$ , $\sigma$ , $\varphi$ , $\lambda$ , $\mu$ du. Sagittaire. On l'appelle auffi NAN-TEU , *boiffeau méridional.*

TY , fuivant le P. Noël, voyez TY-VANG.

Ty, *fin*, une des vingt-huit constellations, composée de quatre étoiles α, β, γ, ι de la Balance.

Ti-tso, *le trône de l'Empereur*, étoile α d'Hercule.

Ti-vang, *Roi des Empereurs*, β de la petite Ourse.

Tie-so, faute dans le P. Noël, lisez Fu-tche.

Tie-tsien, faute du P. Noël, lisez Fu-yue.

Tien-che, *rocher de la mer*, mal traduit dans le P. Noël, lisez *autel du ciel*, constellation composée de six étoiles dans l'Argo.

Tien-che *ou* Tien-chi, *marché céleste*. Ce marché est borné au Nord par le Palais Tse-ouéi, & au Sud par l'Equateur : de l'Ouest à l'Est il s'étend depuis le palais Tay-ouei jusque vers le colure des Solstices, renferme la Couronne boréale, presque tout Hercule, & la partie boréale du Serpentaire & du Serpent.

Tien-chi-yuen, *murailles du Tien-chi*, vingt-quatre étoiles ; d'un côté ζ, ν, ε, δ du Serpentaire ε, α, δ, β, ν du Serpent κ, ν, β d'Hercule ; de l'autre côté δ, λ, μ, ξ, ο, & une petite d'Hercule ; ζ de l'Aigle ; θ, d, η du Serpent ; τ, υ du Serpentaire ; ξ du Serpent, & η du Serpentaire.

Tien-feu, *bâton du ciel pour frapper les tambours*, constellation composée de deux étoiles η, θ d'Antinoüs.

Tien-feu, suivant le P. Noël, lisez Tien-pang.

Tien-fo, *axe du ciel*, constellation composée de deux étoiles δ, ε de la constellation du Loup.

Tien-han, *le fleuve Han du ciel*, la voie lactée.

Tien-ho, *fleuve céleste*, la voie lactée.

Tien-hoang, *étang du ciel*, constellation composée de quatre étoiles ρ, λ, μ, σ, & une petite du Cocher.

Tien-hoang-ta-ti, *le souverain Empereur du ciel*, étoile de la conftellation de Céphéé.

Tien-hoen, faute dans le P. Noël, lifez Tien-kiun.

Tien-hoen, *latrines du ciel*, conftellation compofée de quatre étoiles de φ de la Baleine.

Tien-y, *le premier ciel*, étoile ι du Dragon.

Tien-yn, *repos du ciel*, conftellation compofée de cinq étoiles ζ, δ, τ du Belier, & de deux autres petites étoiles.

Tien-ju, *lait du ciel*, étoile A de la conftellation du Serpent.

Tien-yu, *mefure célefte*, conftellation compofée de trois étoiles dans le Fourneau.

Tien-yuen, *étang du ciel*, conftellation compofée de quatre étoiles α, β, θ, ι du Sagittaire.

Tien-yuen, *ménagerie du ciel*, conftellation compofée de treize étoiles 1 & 2 de υ, ξ, D, G, F, H, θ, S, π, φ, χ de l'Eridan, & δ du Phœnix.

Tien-yuen, *ménagerie du ciel*, conftellation compofée de dix-fept étoiles π, τ de la Baleine, γ, π, δ, ε, ζ, η, K, L, M, N, & de quatre autres petites dans l'Eridan.

Tien-kang, *filet du ciel*, δ de la tête du Poiffon du Midi. (Le P. Noël a mal lu Tien-vang).

Tien-kao, *hauteur du ciel*, conftellation compofée de quatre étoiles N, L, I, ι du Taureau.

Tien-keou, *chien du ciel*, conftellation compofée de fept étoiles dans l'Argo.

Tien-keou, *croc du ciel*, conftellation compofée de quatre étoiles η, α, ι, ο de Céphée.

Tien-ki, *pierre précieufe du ciel*, γ de la grande Ourfe.

Tien-ki, *période du ciel*, étoile dans le Vaiffeau.

Tien-ki,

Tien-ki, *annales du ciel*, conftellation compofée de cinq étoiles θ, w, υ, ε, ξ, & de quatre autres d'Hercule.

Tien-ki, *poule du ciel*, conftellation compofée de deux étoiles E, F du Sagittaire.

Tien-Kiai, *place du ciel*, conftellation compofée de deux étoiles κ, ω du Taureau.

Tien-kiang, *fleuve du ciel*, conftellation compofée de trois étoiles B, π, A du Serpentaire.

Tien-kieou, *étable du ciel*, conftellation compofée de trois étoiles θ, ρ, σ du bras droit d'Andromede.

Tien-kiun, *grenier du ciel*, conftellation compofée de treize étoiles G, λ, μ, ξ, ν, δ, α, γ, ο, & quatre autres étoiles de la Baleine.

Tien-kiuen, *le poids de la balance du ciel*, étoile δ de la grande Ourfe.

Tien-kuan, *défilé du ciel*, étoile ζ du Taureau.

Tien-lao, *prifon du ciel*, étoile ω de la grande Ourfe.

Tien-lang, *loup du ciel*, voyez Lang-sing.

Tien-ly, *raifon du ciel*, conftellation compofée de quatre étoiles fur le dos de la grande Ourfe.

Tien-lin, *grenier du ciel*, conftellation compofée de quatre étoiles F, S, ξ, ο du Taureau.

Tien-loui-tching, *murailles du ciel*, conftellation compo-fée de cinq étoiles ξ du Verfeau, 1 & 2 de C, & 1 & 2 de λ du Capricorne.

Tien-muen, *porte du ciel*, conftellation compofée de deux petites étoiles au deffous de α de la Vierge.

Tien-o, *faveur du ciel*, étoile près la Fleur-de-lis.

E

TIEN-PANG, *fouet du ciel*, conftellation compofée de cinq
étoiles ; la première *ı* dans la conftellation d'Hercule ; les
quatre autres font γ, β, *ν*, ξ du Dragon.

TIEN-PIEN , *chapeau du ciel*, conftellation compofée de neuf
étoiles G, H, λ I d'Antinoüs, K, L, N, M, O de l'écu
de Sobiesky.

TIEN-SIANG , *fecours du ciel*, conftellation compofée de trois
étoiles dans le Sextant.

TIEN-SIUEN , *pierre précieufe du ciel*, β de la grande Ourfe.

TIEN-TA-TSIANG-KIUN , *le fuprême Général du ciel*, conftellation compofée de onze étoiles ; les fept premières font
C , A , χ , υ , H , τ , & une petite d'Andromede ; les trois
autres font β , γ , δ du Triangle boréal.

TIEN-TCHU , *axe du ciel*, α de la grande Ourfe.

TIEN-TCHU, *axe du ciel*, étoile dans la Girafle ; c'eft la polaire
chez les Chinois.

TIEN-TCHU, *cuifine du ciel*, conftellation compofée de quatre
étoiles π , δ , ς , ρ du Dragon.

TIEN-TCHUEN , *vaiffeau du ciel*, conftellation compofée de
neuf étoiles η , α , γ , δ , C , μ , B de Perfée, plus une
petite dans la Girafle.

TIEN-TIEN , *champs du ciel*, conftellation compofée de deux
étoiles τ, o de la Vierge.

TIEN-TSAN , *colère du ciel*, étoile N de Perfée.

TIEN-TSANG , *grenier du ciel*, conftellation compofée de fept
étoiles υ , τ , ζ , θ , η , ı , & d'une petite de la Baleine.

TIEN-TSIANG , *lance du ciel*, conftellation compofée de trois
étoiles θ , ı , κ du Bouvier.

TIEN-TSIE , *ordre du ciel*, conftellation compofée de fept
étoiles ρ , π , H , B , C , D , R du Taureau

Tien - tsien, *monnoie du ciel*, conftellation compofée de quatre étoiles ι, θ, η, μ du poiffon du Midi.

Tien - tsin, *pont du ciel*, conftellation compofée de neuf étoiles du Cygne α, δ, ν, ο, υ, ζ, ε, η, & d'une petite.

Tien-tsun, *vafe du ciel*, conftellation compofée de trois étoiles A, δ, ω des Gemeaux.

Tien-vang, voyez Tien-kang.

Tong-hay, *pays*, η du Serpent.

Tong-hien, *colline de l'Orient*, conftellation compofée de quatre étoiles φ, χ, ψ, ρ du Serpentaire.

Tu-kong, *le kong de la Terre*, conftellation compofée de deux étoiles D, c des Poiffons.

Tu-kong-li, le même que Tu-kong-su, *l'Officier du kong de la Terre*, étoile de Pégafe.

Tu - su, *boucherie*, conftellation compofée de deux étoiles dans le Rameau.

Tu-su-kong, *l'Officier qui veille aux ouvrages publics*, étoile β de la Baleine.

Tun-hang, *armes défensives*, conftellation compofée de α, & d'une petite du Loup.

Tun-van, faute dans le P. Noël, voyez Tun-hang.

Tuon-moen, c'eft l'efpace entre Tso-chi-fa & Yeu-chi-fa.

# *V*U, le même que *O*U.

Vay-ping, *face extérieure du mur qui eft oppofé aux portes*, conftellation compofée de fept étoiles α, ξ, ν, μ, ζ, ε, δ des liens des Poiffons.

VAY-TCHU, *cuifine extérieure*, conftellation compofée de cinq étoiles, deux dans la croupe de la Licorne, & trois au deffus.

VANG-LEANG, *Roi bon*, conftellation compofée de cinq étoiles β, λ, α, η, κ de la conftellation de Caffiopée.

VEN-TCHANG, *compofition élégante*, conftellation compofée de fix étoiles H, υ, φ, θ, F, E de la conftellation de la grande Ourfe.

VY, prononcez OUEI, la fixième étoile des vingt-huit conftellations.

# X ou CH.

CHANG-CHOU, *le Préfident du fuprême Tribunal*, conftellation compofée de cinq étoiles G, F, H, A, & d'une petite, du Dragon.

CHANG-FU, *le grand Préfident de la Cour*, étoile λ du Dragon.

CHANG-GOEI, *celui qui eft chargé des appartemens de l'Empereur*, étoile dans la Girafle.

CHANG-GOEI, *celui qui eft chargé du foin des appartemens de l'Empereur*, étoile κ de Cephée.

CHANG-KIAI, étoile fupérieure ou ι de CHANG-TAY.

CHANG-PIE, *premier Miniftre de l'Empereur*, étoile ζ du Dragon.

CHANG-SIANG, *le premier Colao*, étoile δ de la conftellation du Lion.

CHANG - SIANG, *le premier Miniftre*, étoile γ de la Vierge.

CHANG-TAY, *le fouverain Préfident des troupes*, étoiles ι, κ de la grande Ourfe.

CHANG-TSAY, *le Gouverneur de la Cour*, étoile θ de la conftellation du Dragon.

CHANG-TSIANG, *le grand Général des Troupes*, étoile au deſſus de la Vierge.

CHANG-TSIANG, *le grand Général de l'armée*, étoile $\sigma$ de la conſtellation du Lion.

CHANG-TCHING, *le premier Préfet de la Cour*, étoile dans la Girafe.

CHAO-FU, *l'Adjudant du grand Préfet de la Cour*, étoile près la queue de la conſtellation du Dragon.

CHAO-GOEY, *celui qui a le ſoin des appartemens de l'Empereur*, étoile $\gamma$ de Cephée.

CHAO-GOEY, *l'Adjudant du Préſident de la Cour*, étoile $\varkappa$ du Dragon.

CHAO-GOEY, *celui qui ſoigne les appartemens de l'Empereur*, étoile dans la Girafe.

CHAO-PIE, *le ſecond Miniſtre de l'Empereur*, étoile $\chi$ dans le Dragon.

CHAO - TCHING, *le ſecond Préfet de la Cour*, étoile dans la conſtellation de la Renne.

CHAO-TSAY, *l'Adjudant du Gouverneur de la Cour*, étoile $n$ de la conſtellation du Dragon.

CHAO-VI, *le ſecond Maître du Prince héritier*, conſtellation compoſée de quatre étoiles, une ſur le dos du Lion, & trois dans le petit Lion.

CHE, *chambre*, conſtellation, l'une des vingt-huit, compoſée de deux étoiles $\alpha$, $\beta$ de la conſtellation de Pégaſe.

CHE - CHEU, *la tête du ſerpent*, étoile $\alpha$ de l'Hydre, $\gamma$ de l'horloge de M. l'Abbé de la Caïlle, $\zeta$, $\varepsilon$, $\pi$ de l'Hydre.

CHE-FO, *ventre de ſerpent*, une petite étoile du Toucan; & L, $\beta$ de la conſtellation de l'Hydre.

CHE-VY *ou* CHE-OUEI, *queue de serpent*, étoiles β de l'Hydre; plus ν, α, μ, λ, υ, τ de l'Octant de M. l'Abbé de la Caille.

CHE-TSU-KIA, *signe de la Croix*, constellation composée de quatre étoiles λ, δ, ι, η de la Croix.

CHI, *ordure*, étoile λ de la constellation de la Colombe.

CHI-LEU, *maison où l'on met des marchandises*, étoile μ du Serpentaire.

CHIN-KONG, *le Palais par excellence*, étoile ζ du Scorpion.

CHO-DU-PE-TEU, les trois dernières étoiles ε, ζ, η de la grande Ourse.

CHO, *pays*, étoile α de la constellation du Serpent.

CHU-TSU *ou* CHOU-TSOU, *fils de la seconde femme*, étoile **A** de la constellation de la petite Ourse.

CHUI-FOU *ou* CHOUI-FU, *piscine*, constellation composée de quatre étoiles 1 & de 2 F, ν, ξ de la constellation d'Orion.

CHOUI-GOEI *ou* CHUI-GOEI, *lieu où il y a de l'eau*, constellation composée de quatre étoiles ζ du Cancer, & de trois autres petites étoiles au dessus de la constellation de Procyon.

CHOUI-GOEI *ou* CHUI-GOEI, *fontaine d'eau*, constellation composée de α de l'Eridan, & de η, ζ de la constellation du Phénix.

# CATALOGUE
## DES COMETES

*CONNUES ET OBSERVÉES PAR LES CHINOIS.*

Toutes les Comètes que je rapporte dans ce Mémoire, font tirées de l'Ouvrage Chinois de Ma-tuon-lin, intitulé Ven-hien-tong-kao. Cet Ecrivain les a rassemblées toutes dans le deux cent quatre-vingt-sixième Livre avec beaucoup de soin, d'après les différens Auteurs ou Historiens de sa Nation qui les ont décrites. Je n'ai pu descendre plus bas que l'an 1222 de J. C., parce que c'est le temps où vivoit cet Ecrivain.

### DYNASTIE DES TCHEOU.

#### 613 *ans avant J. C.*

La quatorzième année du règne de Ven - kong , Prince de Lou , dans l'automne, à la septième lune, il y eut une comète qui entre dans le Pe-teou.

#### 532.

La dixième année de Tchao - kong, Prince de Lou, dans l'hiver, il y eut une comète dans Ta-chin.

#### 482.

La treizième année de Gnay-kong, dans l'hiver, à la onzième lune, il y eut une comète dans la partie orientale. Ces trois comètes font tirées du Tchun-tsieou de Confucius.

#### 467.

La deuxième année de Tching-ting-vang, on vit une comète.

#### 433.

La huitième année de Kao-vang, on vit une comète.

*305 avant J. C.*

La dixième année de NAN-YANG, on vit une comète.

### 303.

La douzième année du même Prince, on vit une comète.

### 296.

La dix-neuvième année du même Prince, on vit une comète.

## DYNASTIE DES TSIN.

### 240.

La septième année de CHI-HOANG-TI, une comète sortit de la partie orientale ; elle parut dans la contrée septentrionale : à la cinquième lune, on la vit dans la contrée occidentale pendant seize jours.

### 238.

La neuvième année, il parut une étoile à l'horizon ; à la quatrième lune, elle parut dans la partie occidentale, ensuite on là vit dans la partie septentrionale : elle employa quatre-vingts jours à venir depuis le TEOU jusqu'au Midi.

### 234.

La treizième année, à la première lune, il parut une comète dans la partie orientale.

### 214.

La trente-troisième année du même Prince, il parut une étoile qui sortit de la partie occidentale.

## DYNASTIE DES HAN.

### 204.

La troisième année de KAO-TI, à la septième lune, il y eut une comète dans TA-KIO : sa durée fut d'environ 10 jours, ensuite elle disparut.

La

### 157 *ans avant J. C.*

La feptième des années Heu de Ven-ti, il y eut une comète dans la partie occidentale ; fa bafe étoit à l'extrémité d'Ouei & de Ki, tendant vers Hiu & Goey : elle avoit plufieurs Tchang ( mefure de 10 pieds ), elle parvint dans le Tien-han ; au bout de feize jours on ne la vit plus.

### 155.

La deuxième année de Hiao-king-ti, il parut une comète qui fortit du fud-oueft.

### 148.

La troifième des années Tchong, à la troifième lune, au jour Ting-yeou, 34 *du cycle*, une comète parut au nord oueft : fa couleur étoit blanche, fa longueur d'un Tchang ( mefure de 10 pieds ), elle étoit dans Tsu-choui ; elle s'éloigna un peu, & après quinze jours on ne la vit plus.

### 138.

La troifième des années Kien-yuen de Hiao-vou-ti, à la deuxième lune, il y eut une comète dans le fond de Tchang ; elle traverfa le Tay-ouey, vint au Tse-kong, & parvint enfuite jufqu'à Tien-han.

La troifième année du même Prince, à la quatrième lune, il y eut une comète dans le Tien-ky, qui vint jufqu'a Tche-niu.

### 135.

La fixième année, à la fixième lune, il y eut une comète dans la partie occidentale.

A la huitième lune, il y eut une grande étoile qui parut dans la partie orientale ; fa longueur terminoit le ciel ; au bout de trente jours elle s'en alla.

F

*119 ans avant J. C.*

La quatrième des années YUEN-CHEU, à la quatrième lune, une grande étoile fortit du nord-oueft.

### 110.

La première des années YUEN-FONG, à la cinquième lune; une comète parut dans le TSING oriental; on en vit une autre auffi dans le SAN-TAY.

### 109.

La deuxième des années YUEN-FONG, une comète parut dans HO-CHOU.

### 103, 102.

Au milieu des années TAY-TSO ( TAY-TSO commence l'an 104, dure quatre ans, c'eft-à-dire 104, 103, 102, 101 ), une comète parut dans TCHAO-YAO.

### 69.

La première des années TY-TSIE de SIUEN-TI, à la première lune, il y eut une comète dans la partie occidentale; elle n'étoit éloignée de TAY-PE que de deux Tchang.

### 44.

La cinquième des années TSO-YUEN de YUEN-TI, une comète fortit vers le nord-oueft; elle étoit d'une couleur rouge-jaune, fa longueur de huit Che ( pied chinois); après plu-fieurs jours elle devint longue de plufieurs Tchang, fe diri-geant vers le nord-eft, & occupoit une portion de TSAN.

### 32.

La première des années KIEN-CHI de TCHING-TI, à la première lune, il y eut une comète dans ING-CHE; fa couleur étoit bleuâtre, fa longueur de fix à fept Tchang, fa largeur de plufieurs pieds.

#### 12 *ans avant J. C.*

La première des années Yuen-yen, à la septième lune, au jour Sin-oui, 8 *du cycle*, il y eut une comète dans le Tsing oriental; elle traversa les Ou-tchou-heou, sortit de Ho-chou, dirigea sa course vers le nord, & alla dans Hien-yuen & Tay-ouei. Le jour suivant, elle s'étoit avancée de 6 degrés; le matin elle se leva dans la contrée orientale: le treizième jour au soir, elle parut dans la contrée occidentale.

#### 5.

La deuxième des années Kien-ping de Ngai-ti, à la deuxième lune, une comète parut dans Kien-nieou *ou* Nieou pendant soixante-dix jours.

#### 22 *ans après J. C.*

La troisième des années Ty-hoang de l'Empereur Vang-mang, à la onzième lune, il y eut une comète dans Tchang: elle alla vers le sud-est; après cinq jours on ne la vit plus.

#### 39.

La quinzième des années Kien-vou de Kuang-vou-ti, à la première lune, au jour Ting-oui, 44 *du cycle*, il y eut une comète dans Mao; elle tourna peu à peu vers le nord-ouest, & entra dans Che. Elle s'approcha de Ly-kong; à la troisième lune, au jour Y–oui, 32 *du cycle*, la comète vint dans Pie où elle périt; elle fut visible pendant quarante-neuf jours.

#### 54.

La trentième année, à la lune intercalaire, au jour Kia-ou, 31 *du cycle*, l'étoile de Mercure étant au vingtième degré du Tsing oriental, il parut une vapeur blanche qui alloit vers l'orient. Elle étoit enflammée, & longue de cinq Che (pieds), c'étoit une comète; elle s'avança ensuite vers le

nord-eft, parvint jufqu'au deffus des limites occidentales du
Tse-kong : au jour Kia-tfe, 1 *du cycle*, elle ne parut plus;
cette comète fut vifible pendant trente-un jours.

### 60 *ans après J. C.*

La troifième des années Yung-ping de Hiao - ming - ti, à la
fixième lune, au jour Ting-mao, 4 *du cycle*, il parut une
comète au nord de Tien-chuen; elle étoit longue de
deux Che. La comète tourna peu à peu vers le nord, &
parvint au midi de Kang; elle fut vifible pendant cent trente-
cinq jours, & difparut.

### 65.

La huitième année, à la fixième lune, une grande étoile
fortit de Lieou, & du trente-feptième degré de Tchang;
elle s'approcha de Hien - yuen, traverfa le Tien - tchuen,
& parvint au Tay - ouei : cette vapeur dura en tout cin-
quante-fix jours.

### 75.

La dix-huitième année, à la fixième lune, au jour Ki-oui;
56 *du cycle*, il parut une comète dans Tchang, longue
de trois Che. Elle alla de là au midi de Lang-tsiang, & entra
dans le Tay-ouei.

### 76.

La première des années Kien-tchang de Hiao-tchang-ti, à la
huitième lune, au jour Keng-yn, 27 *du cycle*, il parut une
comète dans le Tien-chi, longue de deux Che. Sa marche
étoit lente; elle entra dans le troifième degré de Kien-nieu:
cette comète fubfifta pendant quarante jours, & difparut.

A la douzième lune, au jour Vou-in, 15 *du cycle*, une comète
fortit dans le troifième degré de Leou. Elle étoit longue de
huit à neuf Che; peu à peu la comète entra dans le Tse-
kong; elle avoit paru pendant cent fix jours.

109 *ans après J. C.*

La troifième des années Yong-tso de Hiao-ngan-ti, à la douzième lune, il s'éleva une comète au midi de Tien-yuen :
elle alloit vers le nord-eft; fa longueur étoit de fix à fept Che.

### 132.

La fixième des années Yong-kien de Hiao-chun-ti, il
fortit une comète dans le Téou & le Kien-nieou ; elle s'é-
teignit dans Hiu & Goey.

A la deuxième lune, au jour Ting-fe, 54 *du cycle*, il parut
une comète dans la contrée orientale, longue de fix à fept
Che. Elle indiquoit le fud-oueft de Ing-che, & parvint à
Fuen-mu. Au jour Ting-tcheou, 14 *du cycle*, une comète
ou la comète ( l'Auteur Chinois ne dit pas fi c'eft la même )
étoit au premier degré de Kuey ; elle étoit longue de fix à
fept Che. Au jour Kuey-oui, 20 *du cycle*, le foir la comète
parut aller vers le nord-oueft ; elle traverfa Mao & Pi. Au
jour Kia-chin, 21 *du cycle*, la comète étoit dans Tsing,
enfuite elle traverfa Hieu, Sing & Tchang ; elle étoit très-
enflammée, elle vint au San-tay, & s'avança au milieu
d'Hien-yuen où elle périt.

### 147 , 149 *fuivant les Annales Chinoifes.*

La première des années Kien-ho de Hiao-huon-ti, à la huitième lune, au jour Y-tcheou, 2 *du cycle*, il y eut une
comète chevelue, longue de cinq Che. Elle parut au milieu
du Tien-chi, allant vers le fud-eft ; fa couleur étoit jaunâtre.
A la neuvième lune, au jour Vou-chin, 5 *du cycle*, elle
difparut.

### 161.

La quatrième des années Yen-hi, à la cinquième lune, au jour
Sin-yeou, 58 *du cycle*, il y eut une étoile hôte dans Ing-
che ; elle tendoit vers l'occident ; fes rayons étoient longs

de cinq Che; parvenue au premier degré de Sin, elle devint comète.

178 ans après J. C.

La première des années Kuang-ho d'Hiao-ling-ti, à la huitième lune, il y eut une comète au nord de Kang; elle entra au milieu du Tien-chi; elle étoit longue de quelques Che; elle s'étendit ensuite jusqu'à cinq ou six Tchang, elle étoit rouge; la comète traversa dix constellations, & après quatre-vingts jours, elle s'éteignit peu à peu au milieu de Tien-yuen.

180.

La troisième année, dans l'hiver, une comète sortit à l'orient de Lang & de Hou-che; elle parvint jusqu'à Tchang où elle disparut.

A la septième lune, il y eut une comète qui sortit au bas du San-tay; elle alloit vers l'orient, elle entra ensuite dans le palais Tay-ouey, parvint au Tay-tsu & Hing-tchin; au bout de vingt jours elle s'éteignit.

182.

La cinquième des années Kuang-ho, à la deuxième lune, une comète sortit de Kuey, elle tendoit vers l'orient. La comète entra dans le palais Tse-ouei, d'où elle sortit après trois jours, & au bout de soixante jours elle s'éteignit.

192.

La troisième des années Tso-ping, d'Hien-ti, à la neuvième lune, l'étendard de Tchi-yeu ( grande comète ) parut long de plus de dix Tchang : sa couleur étoit blanche; il sortit au midi de Kio & de Kang.

193.

La quatrième année, à la dixième lune, il parut une comète entre les deux Kio, allant vers le nord-est; elle entra au milieu du Tien-chi où elle disparut

*200 ans après J. C.*

La cinquième des années KIEN-NGAN, à la dixième lune, au jour Sin-hay, 48 *du cycle*, une comète parut dans TA-LEANG.

### 204.

La neuvième année, à la onzième lune ( les Annales mettent dixième lune ), il y eut une comète dans le TSING oriental & le YU-KUEY ; elle entra dans HIEN - YUEN & le TAY-OUEY.

### 206.

La onzième année, à la première lune, il y eut une comète dans le PE-TEOU. Sa tête étoit au milieu du PE-TEOU, sa queue remplissoit le palais TSE-OUEI ; elle parvint jufqu'au PE-TCHIN.

### 207.

La douzième année, à la dixième lune, au jour Sin-mao, 8 *du cycle*, il y eut une comète dans CHUN-OUEI.

### 212.

La dix-feptième année, à la douzième lune, il y eut une comète dans OU-TCHU-HEOU.

### 218.

La vingt-troifième année, à la troifième lune, il y eut une comète qui parut dans la contrée orientale. Au bout de vingt jours, le foir, elle fortit de la contrée occidentale, paffa près d'OU-TCHE, du TSING oriental, d'OU-TCHU-HEOU, de VEN-TCHANG, d'HIEN-YUEN, & du palais TSE-OUEY ; fa pointe étoit enflammée : elle parut enfuite au TI-TSO.

## DYNASTIE DES GUEY.

### 225.

La fixième des années HOANG-TSO de VEN-TI, à la dixième lune, au jour Y-oui, 32 *du cycle*, il y eut une comète dans CHAO-OUEI ; elle traverfa HIEN-YUEN.

*232 ans après J. C.*

La fixième des années TAY-HO de MING-TI, à la onzième lune, au jour Ping-in, 3 *du cycle*, il y eut une comète dans YE ; elle s'approcha de TAY-OUEY & de CHANG-TSIANG.

### 236.

La quatrième des années TSING-LUNG, à la dixième lune, au jour Kia-chin, 21 *du cycle*, il y eut une comète dans le TA-CHIN ; elle étoit longue de trois Che.

Au jour Y-yeou, 22 *du cycle*, il y eut une comète dans la partie orientale.

A la onzième lune, au jour Y-hay, 12 *du cycle*, une comète parut ; elle s'approcha d'HOAN-TCHE & de TIEN-KY.

### 238.

La deuxième des années KING-TSO, à la huitième lune, une comète parut dans TCHANG. Sa longueur étoit de trois Che ; elle alloit vers l'orient : au bout de quarante-un jours elle difparut.

### 240.

La première des années TCHING - CHY de CHAO-TI, à la dixième lune, au jour Y-yeou, 22 *du cycle*, une comète parut dans la contrée occidentale ; elle étoit dans OUEY, fa longueur de deux Tchang : elle paffa par NIEOU, s'approcha de TAY-PE ( Vénus ). A la onzième lune, au jour Kia-tfe, 1 *du cycle*, la comète s'approcha d'YU-LIN.

### 245.

La fixième année, à la huitième lune, au jour Vou - ou ; 55 *du cycle*, une comète parut dans les TIE-SING ; elle étoit longue de deux Che, elle étoit blanche ; elle s'avança vers TCHANG, & après vingt-trois jours elle fut détruite.

La

*246 après J. C.*

La septième année, à la onzième lune, au jour Kuey-hay, 60 *du cycle*, il y eut une comète dans TCHIN ; elle étoit longue d'un Che : après cinquante-six jours elle disparut.

### 248.

La neuvième année, à la troisième lune, une comète parut dans MAO ; elle étoit longue de six Che, sa couleur étoit d'un violet pâle, ses rayons tendoient vers le sud - ouest. A la septième lune, la comète parut dans YE ; elle étoit longue de deux Che : elle s'avança jusqu'à TCHIN, subsista pendant quarante-deux jours, & fut détruite.

### 251.

La troisième des années KIA-PING, à la onzième lune, au jour Kuey - hay, 60 *du cycle*, il y eut une comète dans YING-CHE, elle alloit à l'ouest ; après quatre-vingt-dix jours elle disparut.

### 252.

La quatrième année, à la deuxième lune, au jour Ting-yeou, 34 *du cycle*, une comète parut dans la contrée occidentale, étant dans GUEY, longue de cinq ou six Tchang ; elle étoit blanche, ses rayons tendoient vers le midi : elle traversa TSAN, & après vingt jours elle disparut.

### 253.

La cinquième année, à la onzième lune, il y eut une comète dans TCHIN ; elle étoit longue de cinq Tchang : la comète étoit dans le TAY-OUEY & TSO-CHI-FA, elle tendoit vers le sud-ouest ; après cent quatre-vingt-dix jours elle disparut.

### 254.

La premiere des années TCHING-YUEN de KAO-KUEY-YANG-KONG, à la onzième lune, une vapeur blanche sortit à côté

du Nanteou ; elle étoit large de plufieurs Tchang, s'é-
tendant à l'horizon. Vang-so dit que c'eft l'étendard de
Tchi-yeou.

255 ans après J. C.

La deuxième année , à la première lune , une comète parut
au nord-oueft ; elle étoit à l'horizon.

257.

La deuxième des années Kan-lou , à la onzième lune , une
comète parut dans Kio ; elle étoit blanche.

262.

La troifième des années King-yuen de Yuen-ti , à la onzième
lune , au jour Gin-in , 39 du cycle , une comète parut
dans Kang ; elle étoit blanche , & longue de cinq Tfun
( Tfun = 0 , 1 du pied chinois ) , elle tendoit vers le nord ;
après quarante-cinq jours elle difparut.

265.

La deuxième des années Hien-hi , à la cinquième lune , il parut
une comète dans Vang-leang , longue d'un Tchang ;
ellle étoit blanche , elle tendoit vers le fud-eft ; après douze
jours elle difparut.

# DYNASTIE DES TÇIN.

268.

La quatrième des années Tay-chy de Vou-ti , à la première
lune , au jour Ping-fu , 23 du cycle , une comète parut dans
Tchin ; elle étoit d'une couleur bien pâle , elle alloit vers
le nord , enfuite elle tourna vers l'eft.

269.

La cinquième année , à la neuvième lune , il y eut une comète
dans le Tsu-kong.

*274 ans après J. C.*

La dixième année, à la douzième lune, il y eut une comète dans TCHIN.

### 276.

La deuxième des années HIEN-NING, à la fixième lune, au jour Kia-fu, 11 *du cycle*, une comète parut dans TY.

A la feptième lune, une comète parut dans TA-KIO.

A la huitième lune, une comète parut dans le TAY-OUEI ; elle parvint à la conftellation YE, au PE-TEOU, & au SAN-TAI.

### 277.

La troifième année à la première lune, il y eut une comète dans la partie occidentale.

A la troifième lune, il y eut une comète dans GOEY.

A la quatrième lune, une comète parut dans YU-NIU.

A la cinquième lune, il y eut une comète dans la partie orientale.

A la feptième lune, il parut une comète dans le TSE-KONG.

### 278.

La quatrième année, à la quatrième lune, l'étendard de TCHI-YEU, parut dans le TSING oriental ; après l'année elle fut détruite.

### 279.

La cinquième année, à la troifième lune, une comète parut dans LIEOU.

A la quatrième lune, il y eut une comète dans YU-NIU : à la feptième lune, la comète ou une comète étoit dans le TSE-OUEY.

### 281.

La deuxième des années, TAY-KANG, à la huitième lune, il y eut une comète dans TCHANG.

G ij

A la cinquième lune , il y eut une comète dans HIEN-YUEN.

### 283 *ans après J. C.*

La quatrième année, à la troisième lune , au jour Vou-chin,
45 *du cycle*, il y eut une comète dans le sud-ouest.

### 287.

La huitième année , à la neuvième lune , il y eut une comète
dans le NAN-TEOU , longue de dix Tchang ; après dix jours
elle disparut.

### 290.

La première des années TAI-HI , à la quatrième lune , une
étoile hôte parut dans le TSE-KONG.

### 295.

La cinquième des années de YUEN - KANG de HOEY - TI , à la
quatrième lune , une comète parut dans KUEY ; elle parvint
au HIEN - YUEN & au TAI-OUEY , traversa les étoiles SAN-
TAY & TA-LING.

### 300.

La première des années YUNG-KANG , à la douzième lune , une
comète sortit à l'ouest de NIEOU , elle tendoit vers le TIEN-
CHI.

### 301.

La deuxième année , à la quatrième lune , une comète parut
dans une partie de TSY.

### 302.

La deuxième des années, TAY-NGAN , à la quatrième lune,
une comète parut le matin.

### 303.

La deuxième année, à la troisième lune , une comète parut
dans la contrée orientale ; elle indiquoit le SAN-TAY.

*305 ans après J. C.*

La deuxième des années Yung-hing, à la huitième lune, une comète parut dans Mao & Pi.

A la dixième lune, au jour Ting-tcheou, 14 *du cycle*, il y eut une comète dans le Siuen-ki du Pe-teou.

### 329.

La quatrième des années Hien-ho de Tching-ti, à la septième lune, il y eut une comète au nord-ouest; elle s'approcha de Teou : au bout de vingt-trois jours elle disparut.

### 336.

La deuxième des années Hien-kang, à la deuxième lune, au jour Sin-se, 18 *du cycle*, le soir, il parut une comète dans la contrée occidentale, étant dans Kuey (les Annales ajoutent Leou).

### 340.

La sixième année, à la deuxième lune, au jour King-chin, 17 *du cycle*, il y eut une comète dans le Tay-ouei.

### 343.

La première des années Kien - yuen de Kang - ti, à la onzième lune, le sixième jour, une comète parut dans Kang; elle étoit longue de sept Che, & de couleur blanche.

### 349.

La cinquième des années Yung-ho de Mo-ti, à la onzième lune, au jour Y-mao, 52 *du cycle*, une comète parut dans Kang; sa chevelure terminoit l'ouest, étoit blanche, & longue d'un Tchang.

### 350.

La sixième année, à la première lune, au jour Ting-tcheou, 14 *du cycle*, une comète parut dans Kang.

### 358 *ans après J. C.*

La deuxième des années Tsing-ping, à la cinquième lune, au jour Ting-hai, 24 *du cycle*, une comète parut; elle fortit de Tien-tchuen, & s'arrêta dans Goey.

### 363.

La première des années Hing-ning de Ngay-ti, à la huitième lune, il y eut une comète dans Kio & Kang; elle entra enfuite dans le Tien-chi.

### 373.

La première des années Ning-kang de Hiao-vou-ti, à la première lune, au jour Ting-fe, 54 *du cycle*, il y eut une comète dans Niu & Hiu; elle traverfa les conftellations Ty, Kang, Kio, Tchin, Ye, Tchang.

A la deuxième lune, au jour Ping-fu, 23 *du cycle*, une comète parut dans Ty.

A la neuvième lune, au jour Ting-tcheou, 14 *du cycle*, il y eut une comète dans le Tien-chi.

### 390.

La quinzième des années Tay-yuen, à la feptième lune, au jour Gin-chin, 9 *du cycle*, il y eut une comète dans Pe-ho: après avoir traverfé le Tay-ouei, les San-tay & Ventchang, elle entra dans le Pe-teou; elle étoit blanche, longue de dix Tchang. A la huitième lune au jour Voufu, 35 *du cycle*, la comète entra dans le Tse-ouey, enfuite elle difparut.

### 400.

La quatrième des années Long-gan de Gan-ti, à la deuxième lune, au jour Ki-tcheou, 26 *du cycle*, une comète parut dans Kuey; elle étoit longue de trois Tchang. La comète monta dans Ko-tao & la partie occidentale du Tse-kong, entra dans le Kuey du Pe-teou, & parvint aux San-tay. A la troisième lune, la comète se dirigea vers le Tay-ouei, l'Ou-ti-tso & le Tuon-moen.

A la douzième lune, au jour Vou-in 15 *du cycle*, il y eut une comète dans Kuon-so, le Tien-chi & le Tien-tsin.

### 415 *ans après J. C.*

La onzième des années Y-hy, à la cinquième lune, au jour Kia-chin, 21 *du cycle*, il y eut deux comètes qui sortirent du Tienchi; elles passèrent par Ti-tso, & s'arrêtèrent au nord de Fang & de Sin.

### 416.

La première des années Tay-tchang de Ming-yuen-ti des Heu-goey, à la cinquième lune, au jour Kia-chin, 21 *du cycle*, deux comètes parurent.

### 418.

La quatorzième année, à la cinquième lune, au jour Keng-se, 37 *du cycle*, il y eut une comète au milieu du Kuey du Pe-teou.

A la septième lune, au jour Kuey-hay, il sortit une comète à l'ouest du Tay-ouei, elle se leva au dessous de l'étoile Chang-siang. Sa chevelure, petite d'abord, s'accrut jusqu'à la longueur de plus de dix Tchang ; elle passa par le Pe-teou, le Tse-ouei & le Tchong-tay.

### 419.

La première des années Yuen-y de Kong-ti, à la première lune, au jour Vou-su 35 *du cycle*, il parut une comète dans le Tay-ouei, à l'ouest.

## DYNASTIE DES SONG.

### 422 *ans après J. C.*

La troisième des années Yong-tso de Vou-ti, à la deuxième lune, au jour Ping-fu, 23 *du cycle*, une comète parut dans Hiu & Goei.

A la onzième lune, au jour Vou-ou, 55 *du cycle*, il y eut une comète dans Yng-che.

### 423.

La première des années King-ping de Chao-ti ( ou Tchou-y-fou, ou Yng-yang-vang), à la onzième lune, au jour Y-mao, 52 *du cycle*, il y eut une comète dans Tong-pie.

La dixième lune, au jour Ki-oui, 56 *du cycle*, il y eut une comète dans Ty.

### 432.

La première des années Yen-ho de Tay-vou-ti des Yuen-goei, il parut une comète dans Hien-yuen ; elle entra dans Tay-ouei, & parvint jufqu'au Ta-kio, où elle périt.

### 442.

La dix-neuvième des années Yuen-kia de Ven-ti, à la neuvième lune, au jour Ping-chin, 53 *du cycle*, il y eut une étoile hôte dans le Pe-teou ; elle devint comète, entra dans Ven-tchang, traversa Ou-tche, Tien-tsie, Tien-yuen, & disparut dans l'hiver.

### 449.

La vingt-fixième année, à la dixième lune, au jour Kuey-mao, 40 *du cycle*, une comète parut dans le Tay-ouey.

### 451.

La vingt-huitième année, à la quatrième lune, au jour Y-mao, 52 *du cycle*, une comète parut dans Mao. A la fixième lune,

lune, au jour Gin–tſe, 49 *du cycle* ; elle parut au milieu de TAY-OUEI en oppoſition avec TI-TSO.

## DYNASTIE DES TSY.

### 500 & 501 *ans après J. C.*

La troiſième des années YONG-YUEN de TONG-HOEN-HEOU, à la première lune, au jour Y-ſe, 42 *du cycle*, une grande étoile parut à l'horizon.

A la deuxième lune, au jour Gin-ſu, 59 *du cycle*, l'étendard de TCHI-YEU parut.

### 501.

La première des années TCHONG-HING de HO-TI, à la troiſième lune, au jour Y-ſe, 42 *du cycle*, une comète parut à l'horizon.

## DYNASTIE DES LEANG.

### 533.

La cinquième des années TCHONG-TA-TONG de VOUTI, à la première lune, au jour Ky-yeou, 46 *du cycle*, une grande étoile parut.

### 539.

La cinquième des années TA-TONG, à la dixième lune, au jour Sin-tcheou, 38 *du cycle*, une comète ſortit du NAN-TEOU; elle étoit longue d'un Che, & tendoit vers la partie méridionale; peu à peu elle devint longue d'un Tchang. A la onzième lune, au jour Y-mao, 52 *du cycle*, la comète parvint à LEOU, & elle diſparut.

## DYNASTIE DES TCHIN.

### 560.

La première des années TIEN-KIA de VEN-TI, à la neuvième lune, au jour Kuey-tcheou, 50 *du cycle*, une comète

H

parut ; elle étoit longue de quatre Che ; fa chevelure tendoit vers le fud-oueft.

### 565 *ans après J. C.*

La quatrième des années Ho-tsing de Vou-tching-ti des Petsy, à la troifième lune, il parut une comète.

La cinquième des années Pao-ting de Vou-ti, à la fixième lune, au jour King-chin, 57 *du cycle*, une comète fortit du San-tay, entra dans Ven-tchang, fut en oppofition avec Tu-tsiang ; elle traverfa enfuite les murailles occidentales du Tse-ouei, & entra dans Goey. La comète étoit grande d'un Tchang, elle indiquoit Che & Pi. Après cent jours & plus, fa longueur fe réduifit à deux Che cinq pouces ; elle vint jufqu'à Hiu & Goey où elle périt.

La fixième des années Tien-kia de Ven-ti des Tchin, au jour Sin-Yeou, 58 *du cycle*, il y eut une comète longue de plufieurs Tchang, qui parut dans le Chang-tay.

La première des années Tien-tong de Heou-tchou des Tchin, à la fixième lune, au jour Gin-fu, 59 *du cycle*, une comète fortit au nord-eft de Ven-tchang ; elle étoit longue de la main, & parvint enfuite jufqu'à plufieurs Tchang ; au bout de cent jours la comète difparut.

### 568.

La quatrième des années Tien-tong de Heou-tchou des Tchin, une comète parut dans le Tsing oriental.

La troifième des années Tien-ho de Vou-ti des Tcheou, à la fixième lune, au jour Kia-fu, 11 *du cycle*, il y eut une comète dans le Tsing oriental, longue d'un Tchang ; en haut, elle étoit blanche ; dans la partie inférieure, elle étoit de couleur de chair. La comète étoit brillante & alloit vers l'orient : parvenue à la feptième lune, au jour Kuey-mao, 40 *du cycle*, elle s'arrêta à huit pouces au nord de Kuey, enfuite elle difparut.

La deuxième des années KUANG-TA de FY-TI des TCHIN, à la sixième lune, au jour Ting-hay, 24 *du cycle*, il y eut une comète.

### 574 *ans après J. C.*

La troisième des années KIEN-TE de VOU-TI des TCHEOU, à la quatrième lune, au jour Y-mao, 52 *du cycle*, il y eut une comète hors des murailles du TSEKONG ; el'e étoit groffe comme le poing, elle étoit rougeâtre, indiquoit l'OU-TI-TSO, tendant peu à peu vers le fud-eft : elle s'accrut enfuite jufqu'à un Tchang cinq Che. A la cinquième lune, au jour Kia-tfe, 1 *du cycle*, la comète s'arrêta au nord de CHANG-TAY, & difparut.

### 575.

La feptième des années TA-KIEN de SIUEN-TI des TCHIN, à la quatrième lune, au jour Ping-fu, 23 *du cycle*, une comète parut dans TA-KIO.

### 580.

La douzième des années TA-KIEN de SIUEN-TI des TCHIN, à la douzième lune, au jour Sin-fe, 18 *du cycle*, une comète parut au fud-oueft.

## DYNASTIE DES SOUY.

### 588.

La huitième des années KAY-HOANG de VEN-TI, à la dixième lune, au jour KIA-TSE, 1 *du cycle*, il y eut une comète dans NIEOU.

### 594.

La quatorzième année, à la onzième lune, au jour Kuey-oui, 20 *du cycle*, il y eut une comète dans HIU & GOEY ; elle parvint enfuite à KUEY & LEOU.

H ij

*607 ans après J. C.*

La troifième des années TA-NIE de YANG-TI, à la deuxième
lune, au jour Ki-tcheou, *26 du cycle*, il y eut une comète
qui parut dans le TSING oriental, & VEN-TCHANG; elle
traverfa TAY-LING, OU-TCHE, PE-HO, entra dans le TAY-
OUEI, & paffa par l'étoile TI-TSO. Après cent jours elle
s'arrêta.

A la troifième lune, au jour Sin-hay, 48 *du cycle*, une grande
étoile parut à l'horizon dans la contrée occidentale; elle
traverfa KUEY, LEOU, KIO, KANG, & difparut. A la
neuvième lune, au jour Sin-oui, 8 *du cycle*, elle reparut
dans la contrée méridionale à l'horizon; elle vint dans KIO
& KANG, paffa par le TAY-CUEI & TI-TSO. La comète
s'approcha de plufieurs conftellations; feulement elle ne
vint pas jufqu'à TSAN & TSING, elle paffa à côté de SOUY
(Jupiter), & difparut.

### 608.

La quatrième année, il fortit une comète de OU-TCHE; elle
traverfa VEN-TCHANG, parvint jufqu'à FANG, où elle
difparut.

### 615.

La onzième année, à la fixième lune, il y eut une comète au
fud-eft de VEN-TCHANG; elle étoit longue de cinq ou fix
pouces, d'une couleur noire & pointue. Pendant la nuit elle
étoit beaucoup agitée; elle tendit pendant plufieurs jours
vers le nord-oueft, parvint à VEN-TCHANG, s'approcha du
palais fans y entrer, enfuite elle rétrograda, & périt.

### 617.

La treizième année, à la fixième lune, une comète parut dans
le TAY-OUI & OU-TI-TSO; elle étoit jaunâtre, longue de
trois ou quatre Che : après plufieurs jours elle périt.

A la neuvième lune, il parut une comète dans YNG-CHE.

## DYNASTIE DES TANG.

### 626 ans après J. C.

La neuvième des années VOU-TE de KAO-TSU, à la deuxième lune, au jour Gin-ou, 19 *du cycle*, il y eut une comète entre GOEY & MAO, au jour Ting-hai, 24 *du cycle* ; elle étoit dans KIUEN-CHE.

### 634.

La huitième des années TCHIN-KUON de TAY-TSONG, à la huitième lune, au jour Kia-tfe, 1 *du cycle*, il y eut une comète dans HIU & GOEY ; elle paſſa par HIUEN-HIAO : au jour Y-hay, 12 *du cycle*, elle ne parut plus.

### 639.

La treizième année, à la troiſième lune, au jour Y-tcheou, 2 *du cycle*, il y eut une comète dans MAO & PI.

### 641.

La quinzième année, à la ſixième lune, au jour Ky-yeou, 46 *du cycle*, il y eut une comète dans le TAY-OUEI ; elle s'approcha de LANG-GOEI : à la ſeptième lune, au jour Kia-ſu, 11 *du cycle*, elle ne parut plus.

### 663.

La troiſième des années LONG-SO de KAO-TSONG, à la huitième lune, au jour Kuey-mao, 40 *du cycle*, il y eut une comète dans TSO-NIE-TI ; elle étoit longue de deux Che ; au jour Y-ſe, 42 *du cycle*, on ne la vit plus.

### 667.

La deuxième des années KIEN-FONG, à la quatrième lune, au jour Ping-chin, 53 *du cycle*, il y eut une comète au nord-eft ; elle étoit dans Ou-tche, entre Mao & Pi : au jour Y-hai, 12 *du cycle*, elle difparut.

### 675 *ans après J. C.*

La deuxième des années Chang-yuen, à la douzième lune, au jour Gin-ou, 19 *du cycle*, il y eut une comète dans le midi de Kio & de Kang ; fa longueur de cinq Che.

### 676.

La troifième année, à la feptième lune, au jour Ting hay ; 24 *du cycle*, il y eut une comère dans Tsing ; elle indiquoit Pe-ho, elle avoit trois Tchang de long. La comère alloit vers le nord-eft ; fa chevelure étoit brillante, & alloit en augmentant, fa longueur trois Tchang ; elle indiquoit Tchong-tay & Ven-tchang : à la neuvième lune, au jour Y-yeou, 22 *du cycle*, on ne la vit plus.

### 68 1.

La première des années Kay-yao, à la neuvième lune, au jour Ping-chin, 23 *du cycle*, il y eut une comète au milieu du Tien-chi ; elle étoit longue de cinq Tchang, & tendoit vers l'orient. La comète parvint jufqu'à Ho-kou : au jour Kuei-tcheou, 50 *du cycle*, elle difparut.

### 683.

La deuxième des années Yong-tchong, à la troifième lune, au jour Ping-ou, 43 *du cycle*, il y eut une comète dans le nord de Ou-tche : à la quatrième lune, au jour Sin-oui, 8 *du cycle*, on ne la vit plus.

### 684.

La première des années Kuang-tse de Tchong-tsong, à la neuvième lune, au jour Ting-tcheou, 14 *du cycle*, il y eut une étoile qui reffembloit à une demi-lune ; elle parut dans la contrée occidentale.

La première des années Ven-ming, à la feptième lune, au

jour Sin-oui, 8 *du cycle*, il y eut le foir une comète dans la contrée occidentale; elle étoit longue d'un Tchang : à la huitième lune, au jour Kia-chin, 41 *du cycle*, on ne la vit plus.

### 707 *ans après J. C.*

La première des années KING-LONG, à la dixième lune, au jour Gin-ou, 19 *du cycle*, il y eut une comète dans la contrée occidentale : à la onzième lune, au jour Kia-in, 51 *du cycle*, on ne la vit plus.

### 708.

La deuxième année, à la deuxième lune, au jour Ting-yeou, 34 *du cycle*, il y eut une comète entre MAO & GOEY.

A la huitième lune, au jour Gin-chin, 29 *du cycle*, il y eut une comète dans le TSE-KONG.

### 730.

La dix-huitième des années KAY-YUEN de HIUEN-TSONG, à la fixième lune, au jour Kia-tfe, 1 *du cycle*, il y eut une comète dans OU-TCHE.

Au jour Kuey-yeou, 10 *du cycle*, il y eut une comète dans PI & MAO.

### 738.

La vingt-fixième année, à la troifième lune, au jour Ping-tfe, 13 *du cycle*, il y eut une comète dans les murailles du TSE-OUEI ; elle traverfa le KUEY de PE-TEOU : au bout de dix jours & plus, les nuages empêchèrent de la voir.

### 760.

La troifième des années KIEN-YUEN de SO-TSONG, à la quatrième lune, au jour Ting-fe, 54 *du cycle*, il y eut une comète dans la contrée orientale ; elle étoit entre GOEY & LEOU : fa couleur étoit blanche, longue de quatre Che.

Elle alloit avec vîteſſe vers la contrée orientale , traverſa MAO, PI, TSOUI, TSAN, TSING, KUEY, LIEOU, HIEN-YUEN , parvint à l'oueſt d'YEU-CHI-FA ; après cinquante jours on ne la vit plus.

Au jour Sin-yeou , 58 *du cycle* , premier de la lune intercalaire, il y eut une comète dans la contrée occidentale , ſa longueur de pluſieurs Tchang; parvenue à la cinquième lune , elle diſparut.

*766 ans après J. C.*

La première des années TA-LIE de TAY-TSONG, à la douzième lune, au jour Ki-hai, 36 *du cycle* , il y eut une comète dans PAY-KUA, ſa longueur d'un Che : après vingt jours elle périt.

770.

La cinquième année, à la quatrième lune, au jour Ki-oui , 56 *du cycle* , il y eut une comète dans OU-TCHE; ſa chevelure étoit brillante , & longue de trois Tchang.

A la cinquième lune , au jour Ki-mao, 16 *du cycle* , il y eut une comète qui parut dans la contrée ſeptentrionale ; elle étoit blanche. Au jour Kuei-oui , 20 *du cycle* , la comète alloit vers l'eſt; elle s'approcha de PA-KO. A la ſixième lune , au jour KUEI-MAO , 40 *du cycle* , elle fut près des SAN-KONG : au jour Ki-oui , 56 *du cycle* , on ne la vit plus.

772.

La ſeptième année , à la douzième lune , au jour Ping-in , 3 *du cycle* , il y eut une grande étoile au bas de TSAN.

815.

La dixième des années YUEN-HO de HIEN-TSONG, à la troiſième lune, il y eut une grande étoile au bas du TAY-OUEI; elle parvint juſqu'à HIEN-YUEN.

La

*817 ans après J. C.*

La douzième année, à la première lune, au jour Vou-tfe, 25 *du cycle*, il y eut une comète dans Pie.

821.

La première des années Chang-king de Mo-tsong, à la première lune, au jour Ki-oui, 56 *du cycle*, il y eut une comète dans Ye. A la deuxième lune, au jour Ting-mao, 4 *du cycle*, la comète étoit à l'oueft de Tay-ouei-kong, dans Chang-tsiang.

A la fixième lune, il y eut une comète dans Mao; elle étoit longue d'un Tchang : après dix jours, on ne la vit plus.

828.

La deuxième des années Tay-ho de Ven-tsong, à la feptième lune, au jour Kia-chin, 41 *du cycle*, il y eut une comète dans le fud de Yeu-tche-ty; elle étoit longue de deux Che.

834.

La huitième année, à la neuvième lune, au jour Sin-hay, 48 *du cycle*, il y eut une comète dans le Tay-ouei, fa longueur étoit d'un Tchang; elle alloit au nord-oueft. Elle alla au delà de Lang-goei : le jour Keng-chin, 17 *du cycle*, on ne la vit plus.

837.

La deuxième des années Kay-tching, à la troifième lune, au jour Ping-ou, 43 *du cycle*, il y eut une comète dans Goey, longue de fept Che; elle indiquoit l'oueft du Nan-teou : au jour Vou-chin, 45 *du cycle*, elle étoit au fud-oueft de Goey; fa chevelure étoit très-brillante : au jour Kuei-tcheou, 50 *du cycle*, la comète étoit dans Hiu : au jour Siu-yeou, 58 *du cycle*, elle avoit un Tchang de longueur, elle alloit lentement vers l'oueft, indiquant le fud : au jour Gin-fu, 59 *du cycle*, elle étoit dans Niu; elle avoit alors deux Tchang de long, & trois Che de large : au jour Kuei-hai, 60

I

*du cycle*, fa longueur alloit toujours en augmentant : à la troifième lune, au jour Kia-tfe, 1 *du cycle*, la comète étoit dans le NAN-TEOU : au jour Y-tcheou, 2 *du cycle*, elle étoit longue de cinq Tchang, fon extrémité fe partageoit en deux ; l'une indiquoit TY, l'autre couvroit FANG : au jour Ping-in, 3 *du cycle*, elle étoit longue de fix Tchang ; elle n'étoit plus partagée, elle indiquoit le nord, & étoit au feptième degré de KANG : au jour Ting-mao, 4 *du cycle*, la comète alloit au nord-oueft, indiquant l'eft : au jour Ky-fe, cinq *du cycle*, fa longueur de huit Tchang ; elle étoit dans TCHANG : au jour Kuei-oui, 20 *du cycle*, fa longueur trois Che ; elle étoit à la droite d'HIEN-YUEN ; alors on ne la vit plus.

A la huitième lune, au jour Ting-yeou, 34 *du cycle*, il y eut une comète dans HIU & GOEY.

### 838 *ans après J. C.*

La troifième année, à la dixième lune, au jour Y-fe, 42 *du cycle*, il y eut une comète dans la principale étoile de TCHIN ; elle étoit longue de deux Tchang ; peu à peu elle indiquoit l'oueft.

A la onzième lune, au jour Y-mao, 52 *du cycle*, il y eut une comète dans la contrée orientale ; elle étoit dans KY & OUEY, elle s'étendoit dans le ciel eft & oueft : à la douzième lune, au jour Gin-tchin, 29 *du cycle*, on ne la vit plus.

### 839.

La quatrième année, à la première lune, au jour Kuey-yeou, 10 *du cycle*, il y eut une comète dans YU-LIN.

A la lune intercalaire, au jour Ping-ou, 43 *du cycle*, il y eut une comète au nord-oueft de KIUEN-CHE : à la deuxième lune, au jour Ki-mao, 16 *du cycle*, on ne la vit plus.

### 840.

La cinquième année, à la deuxième lune, au jour Keng-chin,

57 *du cycle*, il y eut une comète entre Ing-che & Tung-pi; après vingt jours elle difparut.

A la onzième lune, au jour Vou-in, 15 *du cycle*, il y eut une comète dans la contrée orientale.

### 841 *ans après J. C.*

La première des années Hoei-tchang de Vou-tsong, à la feptième lune, il y eut une comète dans Yu-lin, entre Yng-che & Tung-py.

A la onzième lune, au jour Gin-in, 39 *du cycle*, il y eut une comète dans Pe-lou-se-moen; elle étoit dans Yng-che, elle entra dans le Tse-ouei : à la douzième lune, au jour Sin-mao, 28 *du cycle*, on ne la vit plus.

### 852.

La fixième des années Ta-tchong de Siuen-tsong, à la troifième lune, il y eut une comète dans Tsouy & Tsan.

### 857.

La onzième année, à la neuvième lune, au jour Y-oui, 32 *du cycle*, il y eut une comète dans Fang; elle étoit longue de trois Che.

### 864.

La cinquième des années Hien-tong de Hi-tsong, à la cinquième lune, au jour Ky-hai, 36 *du cycle*, pendant la nuit, le Leou ( clepfydre ) n'avoit pas encore rempli un Ke ( Ke o, 01 de jour ); une comète fortit de la contrée orientale; elle étoit jaunâtre, longue de trois Che, & étoit dans Leou.

### 868.

La neuvième année, à la première lune, il y eut une comète dans Leou & Guey.

### 869.

La dixième année, à la huitième lune, il y eut une comète dans Ta-ling; elle alloit vers le nord-eft.

I ij

*877 ans après J. C.*

La quatrième des années KIEN·FU de HY-TSONG, à la cinquième lune, il y eut une comète.

### 885.

La première des années KOUANG-KY, il y eut une comète entre TSIE-CHOUI & TSIE-SIN.

### 886.

La deuxième année, à la cinquième lune, au jour Ping-fu, 23 *du cycle*, il y eut une comète dans OUEI & KY ; elle traverfa le PE-TEOU & le NIE·TI.

### 891.

La deuxième des années TA-CHUN de TCHAO-TSONG, à la quatrième lune, au jour Keng-chin, 17 *du cycle*, il y eut une comète dans SAN-TAY ; elle alloit vers l'eft, entra dans le TAY-OUEI, traverfa TA-KIO & le TIEN-CHI ; elle étoit longue de dix Tchang : à la cinquième lune, au jour Kia-fu, 11 *du cycle*, on ne la vit plus.

### 892.

La première des années KING-FO, à la cinquième lune, l'étendard de TCHI-YEU parut. Il avoit la figure d'une comète blanche, femblable à une chevelure; il étoit long de deux Che.

A la onzième lune, il y eut une comète dans TEOU & NIEOU.

A la douzième lune, au jour Ping-tfe, 13 *du cycle*, une comète appelée TIEN-TSAN, fortit du fud-oueft. Au jour Ki-mao, 16 *du cycle*, le temps couvert ne permit plus de l'obferver.

### 893.

La deuxième année, à la troifième lune, le temps fut couvert jufqu'à la quatrième lune : au jour Y-yeou, 22 *du cycle*, lés nuages ſe diſſipèrent peu à peu pendant la nuit ; on vit alors une comète dans CHANG-TAY, longue de dix Tchang ; elle alloit vers l'orient, & entra dans le TAY-OUEI. La comète traverſa TA-KIO, entra dans le TIEN-CHI, & dura trente-ſept jours : ſa grandeur alla juſqu'à vingt Tchang ; mais les nuages l'ayant cachée, on ne la vit plus.

### 894 *ans après J. C.*

La première des années KIEN-NING, à la première lune, il y eut une comète dans CHUN CHEOU.

### 905.

La deuxième des années TIEN-YEU, à la quatrième lune, au jour Kia-chin, 41 *du cycle*, une comète parut au nord du fleuve ; elle traverſa VEN-TCHANG, ſa longueur de trois Tchang. La comète alla au delà TCHUNG-TAY & de HIA-TAY : à la cinquième lune, au jour Y-tcheou, 2 *du cycle*, elle ſortit pendant la nuit d'HIEN-YUEN & du KIO de la gauche, & parvint aux murailles occidentales du TIEN-CHI ; ſa chevelure étoit brillante, elle avoit l'air irrité ; ſa longueur s'étendoit dans le ciel : au jour Ping-in, 3 *du cycle*, les nuages l'obſcurcirent : au jour Sin-oui, 8 *du cycle*, les nuages s'étant diſſipés, on ne la vit plus.

## DYNASTIE DES LEANG.

### 912.

La deuxième des années KIEN-HOA de TAY-TSU, à la quatrième lune, au jour Gin-chin, 9 *du cycle*, une comète ſortit de TCHANG.

Au jour Kia-ſu, 11 *du cycle*, une comète ſortit de LING-TAY.

## DYNASTIE DES HEU-TANG.

### 928.

La troiſième des années TIEN-TCHING de MING-TSONG, à la dixième lune, au jour Keng ou, 7 *du cycle*, une comète fortit du fud-oueft ; elle étoit longue d'un Tchang, & indiquoit le fud-eft. La comète étoit à cinq degrés de NIEOU : après trois foirées, on ne la vit plus.

*936 ans après J. C.*

La troifième des années TSING-TAI de MOU-VANG, à la neuvième lune, au jour Ki-tcheou, *26 du cycle*, une comète fortit de HIU & de GOEY, fa longueur d'un Che ; fa figure étoit mince, elle traverfa TIEN-LOUY-TCHING & KO.

## DYNASTIE DES HEU-TSIN.

### 941.

La fixième des années TIEN-FO de KAO-TSU, à la neuvième lune, au jour Gin-tfe, 49 *du cycle*, une comère fortit de la contrée occidentale ; elle parcourut les murailles du TIEN-CHI ; elle étoit longue d'un Tchang.

### 943.

La huitième année, à la dixième lune, au jour Keng-fu, 47 *du cycle*, une comète parut dans la contrée orientale ; elle indiquoit l'oueft : le veftige de fa queue étoit long d'un Che. La comète étoit à 9 degrés de KIO.

## DYNASTIE DES TCHEOU.

### 956.

La troifième des années HIEN-TE de CHI-TSONG, à la première lune, au jour Gin-fu, 59 *du cycle*, il y eut pendant la nuit une comète dans TSAN ; fa chevelure indiquoit le fud-eft.

## DYNASTIE DES SONG.

### 975.

La huitième des années KAY-PAO de TAY-TSU-HOANG-TI, à la fixième lune, au jour Kia-tfe, 1 *du cycle*, une comète fortit de LIEOU, longue de quatre Tchang : le matin, elle parut dans la contrée orientale; elle indiquoit le fud-oueft. La comète paffa par Yu-kuey, & parvint jufqu'à Tong-pie, ce qui fait onze Che (conftellations); après quatre-vingt-trois jours elle difparut.

### 989 ans après J. C.

La deuxième des années Tuon-kong de Tai-tsong, à la fixième lune (les Annales mettent à la feptième lune), au jour Vou-tfe, 25 *du cycle*, une comète fortit du Tsing oriental, à l'oueft de Tsie-choui; elle étoit bleuâtre, elle avoit une chevelure brillante qui s'agrandiffoit peu à peu. Le matin, la comète parut au nord-eft; au bout de dix jours, le foir, elle parut au nord-oueft, traverfa Yeu-tche-ti: après trente jours, elle vint à Kang, où elle périt

### 998.

La première des années Hien-ping de Tchin-tsong, à la première lune, au jour Kia-chin, 21 *du cycle*, une comète fortit au nord de Yng-che; fa chevelure étoit brillante, & longue d'un Che : parvenue au jour Ting-yeou, 34 *du cycle*, au bout de quatorze jours elle difparut.

### 1003.

La fixième année, à la onzième lune, au jour Sin-hai, 48 *du cycle*, l'étoile Mao-teou fut en oppofition avec Yu-kuey.

Au jour Kia-in, 51 *du cycle*, il y eut une comète dans Tsing & Kuey; elle étoit grande comme un vafe, d'une couleur bleuâtre; elle avoit une chevelure brillante, longue de quatre Che. La comète s'approcha de très-près de Ou-tchu-heou, paffa par Ou-tche, & entra dans Tsan; après trente jours elle difparut.

### 1018.

La deuxième des années Tien-hy, à la fixième lune, au jour Sin-hay, 48 *du cycle*, une comète fortit au nord-eft de la feconde étoile du Kuey du Pe-teou; elle étoit longue de trois Che, elle alloit vers le nord avec la première étoile du Pe-teou. La comète traversa Tien-lao, Ven-tchang; sa longueur trois Tchang; elle passa par le Tse-ouei, les San-tay & Hien-yuen: elle alla ensuite, en s'éloignant vers l'ouest, jusqu'à Tsie-sing; après trente-sept jours elle disparut.

1033 ans après J. C.

La deuxième des années Ming-tao de Gin-song, à la deuxième lune, au jour Vou-su, 35 du cycle, l'étoile Han-yu (comète) parut à l'est de la contrée septentrionale; elle étoit d'une couleur rougeâtre, avoit une chevelure brillante, longue de deux Che.

1035.

La deuxième des années King-yeou, à la huitième lune, au jour Gin-su, 59 du cycle, il y eut une comète dans Tchang & Ye; elle étoit longue de sept Che, cinq Tsun (pouces); au bout de douze jours elle disparut.

A la douzième lune, au jour Ki-oui, 56 du cycle, il y eut une étoile qui sortit pendant la nuit de Vay-ping; elle avoit une chevelure très-foible.

1049.

La première des années Hoang-yeou, à la deuxième lune; au jour Ting-mao, 4 du cycle, une comète sortit de Hiu. Le matin elle parut dans la contrée orientale, indiquant le sud-ouest; elle traversa le Tse-ouei, parvint jusqu'à Leou, & après cent quatorze jours elle disparut.

1056.

La première des années Kia-yeou, à la septième lune, une comète sortit du Tse-ouei, & traversa les Tsie-tsing; elle étoit blanche, & longue d'un Tchang : parvenue à la huitième lune, au jour Kuey-hay, 60 du cycle, elle périt.

1066.

La troisième des années Tchi-ping de Yng-tsong, à la troisième

fième lune, au jour Ky-oui, 56 *du cycle*, une comète fortit de Yng-che. Le matin elle parut dans la contrée orientale, fa longueur de fept Che; elle indiquoit le fud-oueft, étant entre Goey & Fuen-mou. Peu à peu elle s'éloigna en allant vers l'orient, s'approcha du foleil qui la cacha : parvenue au jour Sin-fe, 8 *du cycle*, le foir, elle parut dans le nord-oueft, il y eut une étoile fans chevelure. La comète alloit vers l'orient; il y eut auffi une vapeur blanche, longue de trois Che: elle traverfa le haut du palais de Tse-ouei; l'étoile étoit dans Fang. Sa tête & fa queue entrèrent dans Pi; elle alloit vers l'eft, elle traverfa Ven-tchang, Pe-teou, elle traverfa Ouei : parvenue au jour Gin-ou, 19 *du cycle*, l'étoile eut de nouveau une chevelure; la comète, longue d'un Tchang trois Che, indiquant le nord-eft, elle traverfa Ou-tche. La vapeur blanche étoit divifée & en travers du ciel; elle traverfa Pe-ho, Ou-tchu-heou, Hien-yuen, le Tay-ouey, Ou-ti-tso, Nouy-ou-tchu-heou, & vint dans Kio, Kang, Ty, Fang. Au jour Kuey-oui, 20 *du cycle*, la comète étoit longue d'un Tchang cinq Che, elle étoit comme un boiffeau; elle traverfa Ing-che, & vint jufqu'au nord de Tchang, ce qui fait quatorze conftellations : au bout de foixante-fept jours, l'étoile & la comète furent détruites.

1075 ans après J. C.

La huitième des années Hy-ning, à la dixième lune, au jour Y-oui, 32 *du cycle*, une étoile fortit du fud-eft, au milieu de Tchin; elle reffembloit à celle de Saturne, elle étoit d'un bleu pâle : au jour Ping-chin, 33 *du cycle*, il lui naquit des cornes brillantes, longues de trois Che. La comète étoit inclinée, & indiquoit Tchin : au jour Ting-yeou, 34 *du cycle*, la comète avoit des cornes très-brillantes, longues de cinq Che : au jour Vou-fu, 35 *du cycle*, elles étoient longues de fept Che; la comète étoit inclinée, & indiquoit l'étoile Tso-hia : parvenue au jour Ting-oui, 44 *du cycle*, elle entra dans Tcho, & ne parut plus.

*Tome X.*                                        K

### 1080 *ans après J. C.*

La troisième des années Yuen-fong de Chin-tsong, à la septième lune, au jour Kuey-oui, 20 *du cycle*, une comète sortit au nord-ouest des murailles du Tay-ouei, au midi de Lang-goei. C'étoit une vapeur blanche, longue d'un Tchang; elle étoit inclinée, & indiquoit le sud-est : la comète étoit au milieu de Tchin. Au jour Ping-su, 23 *du cycle*, elle tendoit au devant de l'ouest de la contrée septentrionale ; elle étoit au milieu de Ye. Au jour Vou-su, 25 *du cycle*, sa longueur trois Che; elle étoit inclinée, & elle pénétra dans Lang-goei. Au jour Kuey-mao, 40 *du cycle*, la comète passa très-près d'Hien-yuen : au jour Ting-yeou, 34 *du cycle*, elle entra dans Tcho, & disparut : au jour King-tse, 37 *du cycle*, le matin elle reparut au milieu de Tchang jusqu'au jour Vou-ou, 55 *du cycle*, en tout trente-six jours , & elle disparut.

### 1097.

La quatrième des années Chao-ching de Tche-tsong, à la huitième lune, au jour Ki-yeou, 46 *du cycle*, une comète sortit au milieu des degrés de Ty ; elle ressembloit à Saturne ; elle avoit une chevelure, sa couleur étoit brillante ; c'étoit une vapeur blanche, longue de trois Che : elle étoit inclinée, & regardoit les murailles du Tien-chi. A la neuvième lune, au jour Gin-tse , 49 *du cycle*, elle avoit une chevelure brillante , longue de cinq Che; elle entra dans les murailles du Tien-chi. Au jour Ki-oui, 56 *du cycle*, elle s'approcha de très-près du Tien-chi : au jour Keng-chin, 57 *du cycle*, elle passa très-près de Ti-tso & des murailles du Tien-chi: au jour Vou-chin, 5 *du cycle*, on ne la vit plus.

### 1106.

La cinquième des années Tsong-ning de Ouei-tsong, à la première lune, au jour Vou-su , 35 *du cycle*, une comète sortit de la contrée occidentale ; elle ressembloit à la bouche d'un petit vase, sa chevelure étoit brillante & éparse; elle fortit comme Suy-sing ( efpèce de comète ) ; elle avoit fix Tchang trois Che de long : au commencement elle indiquoit le nord-eft ; depuis Kuey elle traverfa Leou, Goey, Mao & Pi. Après être entrée dans Tcho, on ne la vit plus.

### 1110 *ans après J. C.*

La quatrième des années Ta-kuon, à la cinquième lune, au jour Ting-oui, 44 *du cycle*, une comète fortit de Kuey & de Leou ; elle avoit une chevelure brillante, longue de fix Che. La comète alloit au nord ; elle entra dans les murailles du Tse-ouei : parvenue au nord-oueft, elle entra dans Tcho, & difparut.

### 1126.

La première des années Tsing-kang de Kin-tsong, à la fixième lune, au jour Gin-fu, 59 *du cycle*, une comète fortit des murailles du Tse-ouei.

A la onzième lune intercalaire, on vit une comète à l'horizon.

### 1131.

La première des années Chao-hing de Kao-tsong, à la neuvième lune, une grande étoile parut.

A la douzième lune, au jour Vou-in, 15 *du cycle*, il parut une comète.

### 1132.

La deuxième année, à la huitième lune, au jour Kia-in, 51 *du cycle*, une comète parut dans Guey : parvenue à la neuvième lune, au jour Kia-fu, 11 *du cycle*, elle difparut.

### 1145.

La quinzième année, à la quatrième lune, au jour Vou-in, 15 *du cycle*, une comète fortit au milieu des conftellations de la contrée orientale, & après cinquante jours elle difparut : au jour Ping-chin, 33 *du cycle*, elle reparut dans Tsan ; après quinze jours elle périt.

A la cinquième lune, au jour Ting-se, 54 *du cycle*, il parut une comète ; c'étoit une étoile hôte ; elle étoit d'une couleur bleuâtre.

1146 ans après J. C.

La seizième année, à la douzième lune, au jour Vou-su, 35 *du cycle*, une comète sortit au sud-ouest, de Goey.

1147.

La dix-septième année, à la première lune, au jour Y-hai, 12 *du cycle*, il sortit une comète au nord-est, de Niu : le deuxième jour de la deuxième lune elle disparut.

1152.

La vingt-deuxième année, à la septième lune, au jour Ping-ou, 43 *du cycle*, une comète parut au nord-est, au milieu de Tsing : au jour Ting-oui, 44 *du cycle*, elle ressembloit à Jupiter ; elle avoit une chevelure longue de deux Che.

Au jour Kuey-tcheou, 50 *du cycle*, pendant la nuit, une comète s'approcha très-près de Ou-tchu-heou.

1174.

La deuxième des années Chong-hy de Hiao-tsong, à la septième lune, au jour Sin tcheou, 38 *du cycle*, une petite étoile étoit au dehors des murailles du Tse-ouei, au dessus des étoiles Tsie-kong ; elle étoit petite comme Mars.

1222.

La quinzième des années Kia-ting de Ning-tsong à la huitième lune, au jour Kia-ou, 31 *du cycle*, une comète sortit de Yeu-tche-ti ; sa chevelure étoit brillante d'environ trois Tchang. La comète étoit petite comme Jupiter ; elle subsista pendant deux mois, traversa Ty, Fang, Sin, & elle périt.

*F I N.*

# PLANISPHÈRE CÉLESTE CHINOIS.
## *PARTIE SEPTENTRIONALE;*
### Par M<sup>r</sup>. De Guignes Fils.

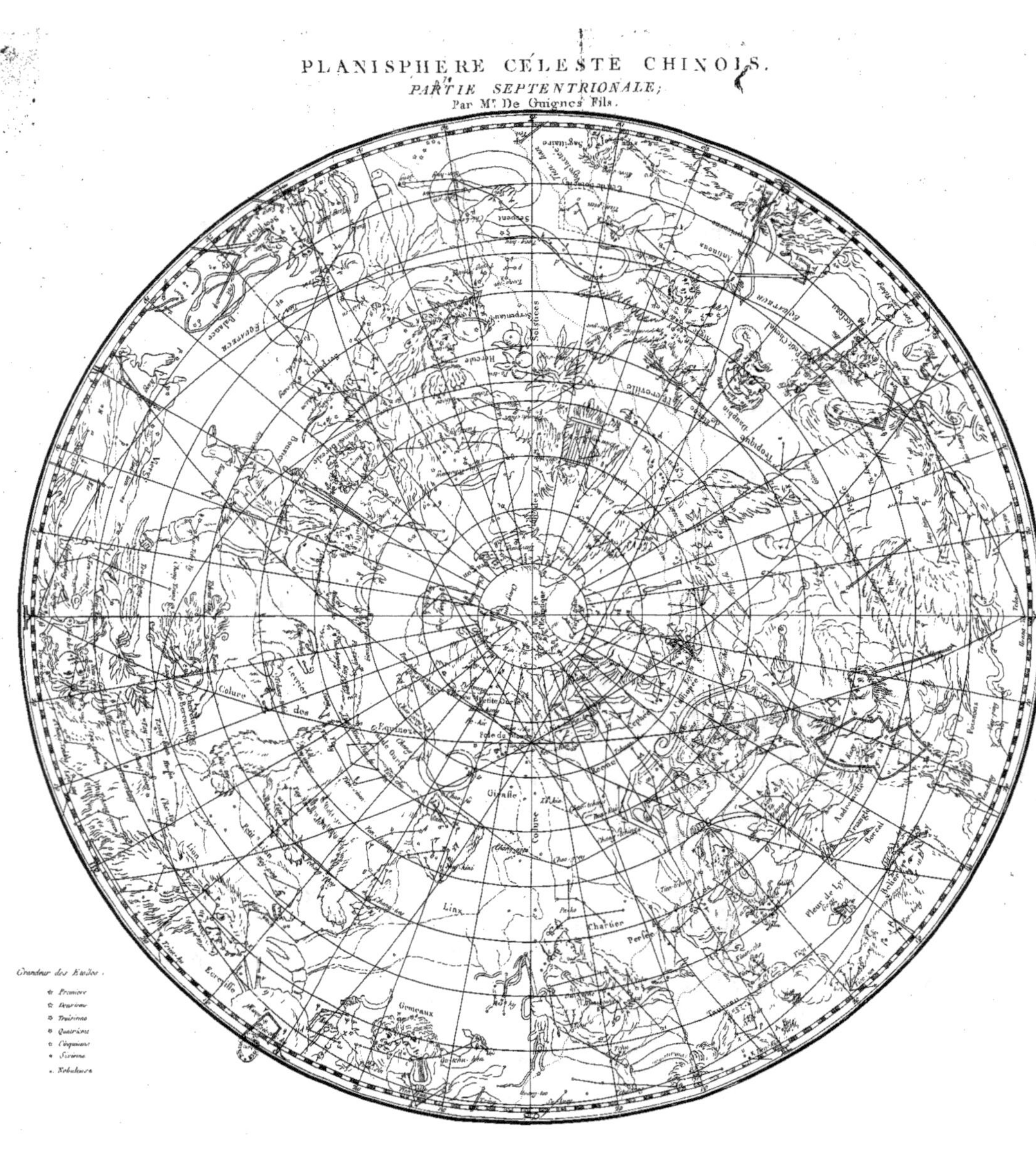

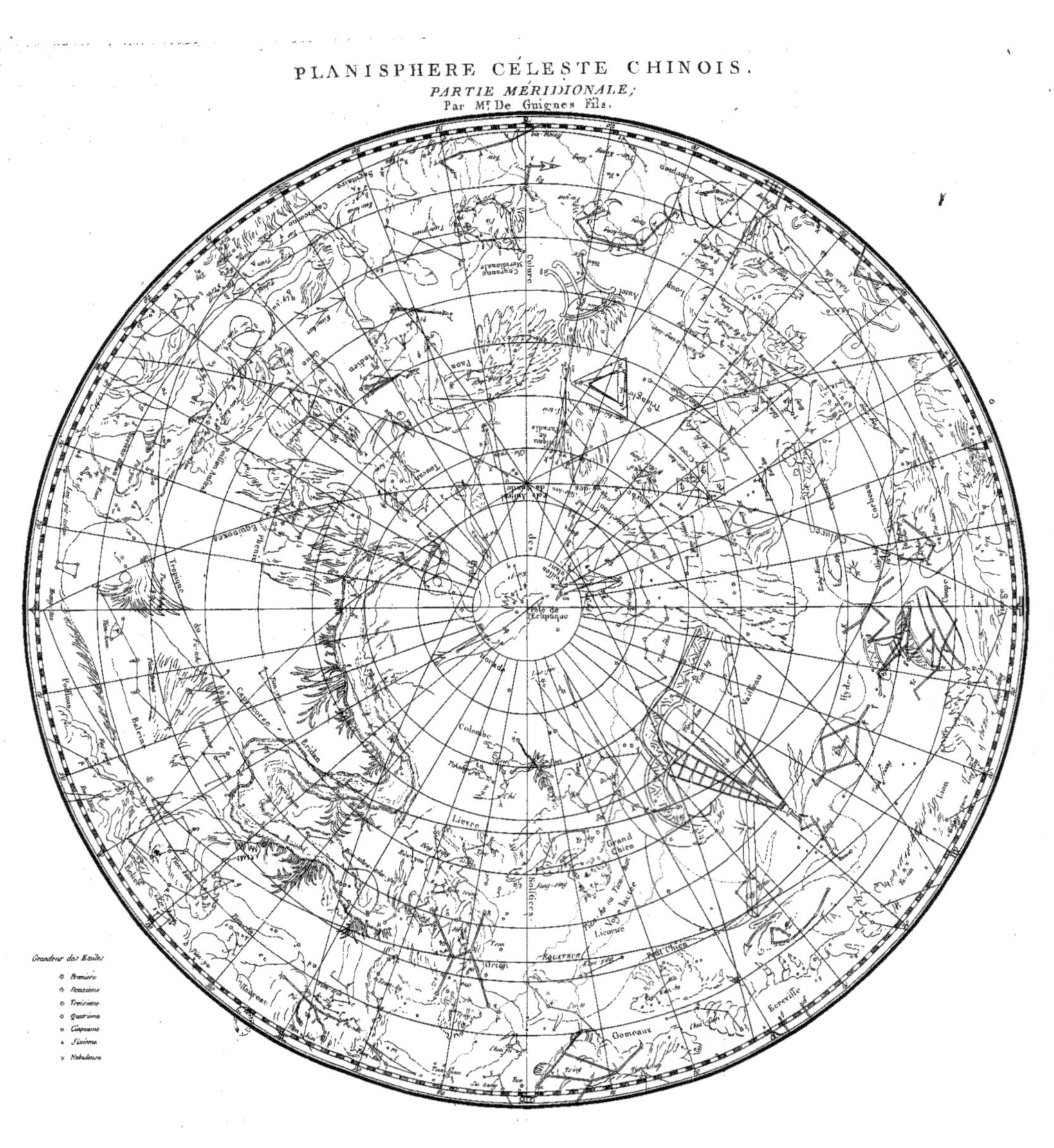

PLANISPHERE CÉLESTE CHINOIS.
PARTIE MÉRIDIONALE;
Par M. De Guignes Fils.
Grandeur des Etoiles
Première
Deuxième
Troisième
Quatrième
Cinquième
Sixième
Nébuleuse

9 7 8 2 0 1 3 4 1 3 1 0 7